2019卷

徽商领袖

HUISHANG LEADERS

韩新东◎主编

人民东方出版传媒
東方出版社

谨以此书敬献给——

新中国70周年华诞

及不懈奋斗、奔跑追梦的徽商群体

和徽商传媒——《徽商》杂志创办十周年

图书在版编目(CIP)数据

徽商领袖 / 韩新东主编. — 北京：东方出版社，2019.8

ISBN 978-7-5207-1086-2

Ⅰ.①徽… Ⅱ.①韩… Ⅲ.①企业家-生平事迹-安徽 Ⅳ.①K825.38

中国版本图书馆CIP数据核字(2019)第137764号

徽商领袖

(HUISHANG LINGXIU)

主　　编：韩新东
责任编辑：杭　超　辛岐波
出　　版：东方出版社
发　　行：人民东方出版传媒有限公司
地　　址：北京市朝阳区西坝河北里51号
邮　　编：100028
印　　刷：合肥禄祺芭印务责任有限公司
版　　次：2019年8月第1版
印　　次：2019年8月北京第1次印刷
印　　数：1—5000册
开　　本：710毫米×1000毫米　1/16
印　　张：24
字　　数：318千字
书　　号：ISBN 978-7-5207-1086-2
定　　价：98.00元
发行电话：(010) 85924663　85924644　85924641

序

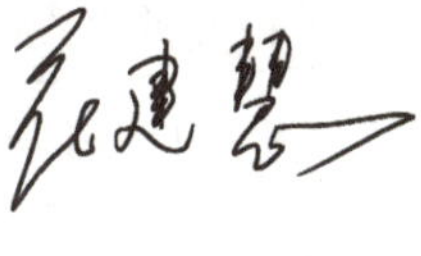

新时代的徽商传奇

“天下百姓寄命于农，徽州百姓则寄命于商。”

打开安徽地图，奔涌不息的长江将广袤的江淮大地天然划分为地貌特征各异、人文风俗不同的两大块。皖北，健硕而庞大，一派绵延中孕育了中国文化的源头；皖南，灵动而秀美，婀娜多姿中成就了自然和人文的荟萃。一代商帮传奇徽商，就诞生在这片热土之上。

在鼎盛时期，徽商足迹如月光泻地，遍布大江南北。其所到之处，一个小小的村落迅速人气聚集、店铺林立，当地商业迅速兴盛繁华，“无徽不成镇”之说由此而生。数百年间，徽商灿若繁星，其所控财富相当于当时全国一年的财政收入，因此堪称“富可敌国”。

但随着时代变迁，徽商盛极而衰，一度淡出历史舞台，可是，徽商精神却未就此湮灭。当这一火种遭遇政策东风和适宜环境，迅而形成燎原之势，徽商也由此在20世纪80年代之后蓬勃兴起，迅速茁壮成长，重返中国经济舞台，并成为中国当下一支昂然崛起的新兴商业力量。

无论是20世纪80年代早期的深圳特区和沿海开放地区，还是90年代的浦东开发，以及随后西部大开发、东北振兴、中部崛起和环渤海经济圈的打造，无一不闪动着徽商的身影。徽商们仿佛是一群群触觉灵敏的鱼，他们循政策和市场的暖流而上，并在各地扎根、发芽、开花，终而结出繁茂果实。

从改革开放初期的中国第一个个体户“傻子”年广九，至20世纪80年代末下海的史玉柱，以及随后在中国家电业创造了巨大辉煌的张巨声和陈荣珍，在国内家电终端披荆斩棘、所向披靡的张近东，在新能源汽车领域叱咤风云的王传福以及奔走于各种慈善场所、为中国慈善事业鼓与呼的陈光标，徽商的身影无处不在。由此，诸如“中国首富”“中国首创”“中国首善”之类的头衔，尽落徽商囊中……

他们凭借着自身的智慧和胆识，驰骋于大江南北、活跃于各行各业，成为诸多行业的领军人物，并在此过程中列土封疆，令人瞩目。

尤其是在皖江、合芜蚌、皖北等江淮大地，尹同跃等本土徽商突出重围领跑中国，循序展开的徽商商业版图正急速扩张……

这是明清徽商奇迹的延续！

这是当代徽商复兴的前奏！

这些新徽商继承了古徽商的核心价值观，包括“贾而好儒”的文化特色、负重前行的“徽骆驼”品质和热心公益的奉献精神，而这些价值观符合传统文化道德要求、符合国际商务惯例，也符合中国特色社会主义价值观标准。

尤其值得肯定的是，新徽商形成了年龄轻有活力、学历高有智力、产业新有潜力三大优势竞争力。相关调查数据显示，新徽商的平均年龄为40岁，83.2%的人为大学专科以上学历，60%以上的人从事IT等朝阳产业。

这个群体，正在成为中国最具魅力和活力的一群，并在中国经济的发展和复兴中打造属于自己的全新版图。他们是新时期中国历史发展的见证者、亲历者，也是推动者和创造者。在改革开放进一步深化、中国经济日益走向全球的今天，在安徽正在谋求实现跨越和崛起的当下，新徽商们将挑起时代赋予的重任，且行且远。

徽商丛书正是聚集了全国各地新徽商大佬、精英与新锐的传奇故事，也是迄今最全、最深、最广的一套关于徽商的丛书，将收藏到国家图书馆和各省图书馆，并将作为全国主要财经院校MBA专业教材。

《徽商领袖》《徽商精英》等书籍，从登顶、崛起等角度诠释徽商的经营之道，对徽商的人生轨迹和经营奥秘进行深入挖掘和剖析，致力通过灵巧的文字向读者传达徽商企业家们在当下的坚守与成就，探究徽商企业家们如何在程朱理学、桐城学派、老庄文化的浸染中，用智慧书写商业传奇！

（作者系安徽省十二届人大常委会副主任、安徽省人民政府原副省长）

序

崛 起

是什么样的文化？是什么样的历史？是什么样的思想？是什么样的创造？“徽商”,让无数的后人面对这两个字竞折腰，让无数的文章无以穷尽地对这两个字进行认识、描绘、思考，让无数未尽的岁月一次又一次对这两个字进行反复的打量。

我始终固执地认为，在过去几百年历史中真正能称作商帮的除了徽商以外，晋商也算一个，徽商和晋商对中国早期金融业文化的形成都有自己独特的贡献。一种商业文明必然伴随着一种独特的文化，这两者相辅相成、相互辉映。在产生了徽商的这块大地上，还诞生了新安理学、徽州朴学、新安医学、新安画派、徽州戏剧、徽州三雕、徽墨、歙砚、徽菜等；盛产了许多大师和巨匠：大教育家陶行知、大思想家朱熹、文化巨子胡适、大哲学家戴震、中国铁路之父詹天佑、大画家黄宾虹、珠算大师程大位、新安画派创始人渐江、马克思在《资本论》注译中提到的唯一的中国人王茂荫、“张小泉剪刀”的发明者张小泉等，他们被这里的教育、思想、理念、文化，被这里的山峦、河流、空气所滋养，他们在全世界大放光彩。徽学已经成为和敦煌学、藏学并称的国内地域文化的三大显学。而徽商就诞生在这样的土地上，这是中国历史上多数商帮无法比拟的。这就是徽商在沉寂了半个多世纪的历史后又再次崛起的基石，徽商之大业是深筑在深厚的文化基础之上的。可以说，没有过去的文化积淀，就

不可能有今天的一飞冲天。在仔细地打量过他们的历史之后，我们才知道：徽商的血脉一直在这块大地上流淌，虽然过去曾经在苦难和挫折下默默暗流，但它从来没有被割断，它顶着梦想，一直在寻找再次喷发的机会。

今天集结在徽商大旗下的徽商们，除了拥有过去的种种不能割裂的渊源，他们更有了新时代的特点；文化之所以能被光大，它的力量就不仅仅是继承，一定还有新的发明、新的创造、新的追求、新的抱负、新的理想、新的思考；正是历史和今天的拥抱，正是文化和创新的牵手，正是学习和思考的碰撞，徽商才以自己独有的文化魅力和伟大的中国一起复兴、一起崛起。

今天集结在这里的名字，让中国和世界经济的星空，有了属于徽商的光芒，这光芒来自遥远的过去，这光芒闪亮在不断变化的今天，这光芒一定会在未来的星空中更加璀璨夺目。

（作者系中国期刊协会副会长兼商业期刊媒体分会主任委员、

中国商业文化研究会副会长、徽商传媒总编辑）

CONTENTS

注：书中人物按姓氏拼音排序

目 录

领袖篇 奋楫弄潮

会长篇 峰峦叠翠

领袖篇

奋楫弄潮

放眼全球商帮，徽商凭借不俗的表现、不凡的气度，已经雄踞商界“霸主”地位数百年，即便与同住地球村的商业巨擘并肩而立，徽商的腰板依然挺得很直。可惜，囿于篇幅及视野，我们暂时只能将目光倾注于九位徽商领袖身上。

书中人物在国际经济的阔大平台上，长袖善舞、技艺超群，赢得了世界的尊重，也为徽商博得了口碑。其实，这是徽商足迹“遍及宇内”的现实演绎。无论古今，不分中外，但凡有徽商的存在，注定“无货不居、无业不营”，徽商可谓“无所不能、无往不胜”。

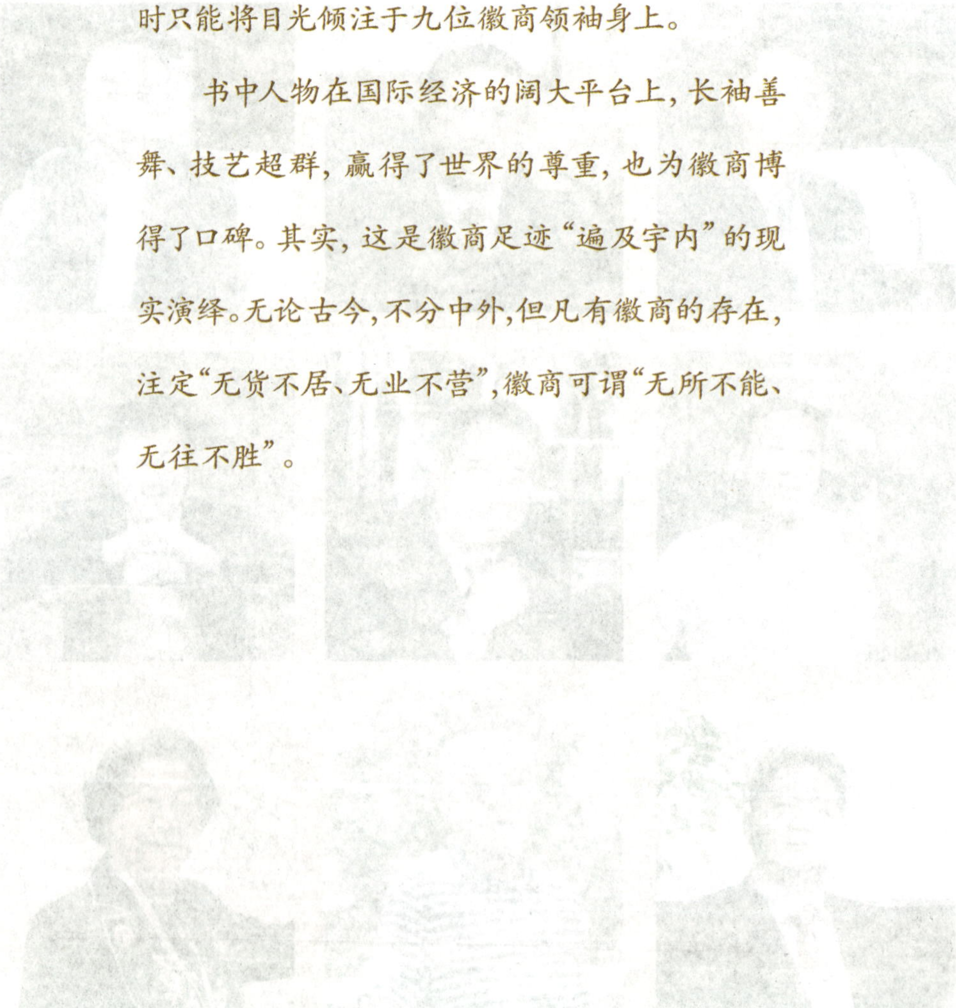

千年历史过去，
曾有多少赫赫王侯、商贾巨富，
今天有几人尚能记得起他们中的一二。
记得起的只有思想者留下的文字与思想，
李白、杜甫即是一例，
他们的诗作流传至今无人不知，无人不晓。
时间告诉我们，
唯有思想能穿越时空。

韩定旺

海南卫康制药（潜山）有限公司董事长
第二届徽商奥斯卡“十大徽商领袖”

韩定旺
唯有思想可以穿越时空

文/金　海　摄影/姜朝洋

十八年前，韩定旺携8000万元从海南特区一头扎进大别山深处的潜山，创办了当地首屈一指的现代化制药企业。

在这个山清水秀、人杰地灵的国家级贫困县，韩定旺一干就是十八年，而卫康药业的入库税收也连续十年蝉联当地第一。

十八年在贫困地区的坚守，韩定旺以骄人的成绩获得了潜山人民的信任，得到了当地党委政府的大力支持，从而更加激发了他的创业热情，进一步促进了卫康制药的健康发展。十八年坚守，没有改变他对人生的追求和思考，坚守的背后是他数十年不变的家国情怀。

做不成君子，也绝不做小人，这是他给自己立下的规矩；以诚待人，欣赏中庸，是他为人处世的原则；适当的时候说适当的话，适当的时候干适当的事，是他处理人与事的方法。他投资工业，专心致志；千难万难，从不后悔。他坚信人的价值不单单是赚多少钱，一定还有不输给金钱的价值，他一直不赞同唯以“金钱论高下”……

在面对很多人幻想一夜暴富的变革时代，他不止一次地向笔者感叹，他渴望坚守自己内心的那一份宁静与淡泊，他不愿改变自己讲实话、悟人生、求真理的习性。时间使他越来越平静，笔者在听他回忆往昔、感慨今天、憧憬未来时，发现他的声音不高，语速平缓，但从他的话语中又能够非常强烈地感受到他追求事业与价值的步伐更加坚定与沉稳。

他说：“千年历史过去，曾有多少赫赫王侯、商贾巨富，今天有几人尚能记得起他们中的一二。记得起的只有思想者留下的文字与思想，李白、杜甫即是一例，他们的诗作流传至今无人不知，无人不晓。时间告诉我们，唯有思想能穿越时空。”

时代的力量无穷大

潜山，古称“皖国”，是“皖国古都、安徽之源、禅宗之地、二乔故里，京剧之祖、黄梅之乡”。

公元前160年汉武帝乘船到长江北岸一座山前，设坛祭拜，封禅祭祀，敕封这座山为南岳。此山便是今天潜山市境内的天柱山。

山脚下有一所安徽省重点中学，韩定旺就毕业于该学校。

20世纪70年代中国高考制度得以恢复，改变了无数年轻人的命运，韩定旺的命运也随着大多数年轻人的命运一起改变，他成了一名师范院校大学生。大学毕业后，原本从事教育工作的他，却走进了国家公务员队伍，成为一名政府工作人员。当时中国正处于大改变大发展时期，韩定旺遇到了前所未有的机遇。由于工作努力，成绩突出，20世纪80年

代末，许多报纸曾专门对他作过深入的专题报道。

1992年，邓小平南方谈话激活了一大批有学历、有职务的年轻干部自主创业的热情。于是在各级党组织的鼓励下，一批批政府体制内的年轻干部，从体制内流向了商海，充当了经济改革的试验者，当时社会也给了这群人的举动一个特别的称谓——下海。

在这股浪潮的冲击下，韩定旺如当年选择参加高考一样，响应组织号召，怀揣着自主创业的理想和成功的信念，离开了他熟悉的工作，决心在陌生领域绝地一搏，再次同许许多多体制内的人一样“下海”了。

初涉商海，成败尚未可知，如何求稳自然成为他创业起步阶段必须考虑的首要问题。凭借过去在机关工作的经历，他注册了一家贸易公司，借了1000万元，做起了进出口生意。

企业成立之初，包括韩定旺本人在内只有六个人，他们没有自己的营业场所，只得租用别人的一套老房子办公。在简陋的办公环境中，韩定旺品尝着创业者的酸甜苦辣。

“当年办公的房子我已经买下来了，现在还在那里，虽然没有人去住，但毕竟我们的事业是从那里起航的，那个房子会让我牢记，成败皆有可能，它能帮我保持头脑清醒。”

不经意间，韩定旺仿佛又回到了当年创业时的澎湃年代，似乎又闻到了当年空气里到处都弥漫着的创业气味，此时笔者的情绪也被带到了那个伟大的年代。

那时中国正从计划经济向市场经济转轨，是一个典型的供应不足的短缺经济时代，不愁卖不掉只愁买不到。如此背景下，韩定旺在贸易领域发展得自然顺风顺水，收益颇丰，他的人生也由此开创出了新的天地。

选择了，就不要后悔

2018年11月1日，党中央在北京召开了最高规格的民营企业座谈会。

中共中央总书记、国家主席、中央军委主席习近平在讲话中提出了减轻企业税费负担、解决民营企业融资难融资贵问题、营造公平竞争环境、完善政策执行方式、构建亲清新型政商关系、保护企业家人身和财产安全6个方面的政策举措。

“决策英明，扶持有力，深受鼓舞。”

这是韩定旺学习习近平总书记重要讲话精神后的最大感受。在他

看来，这些举措直指当前限制民营企业发展的难点痛点，非常具有针对性。

改革开放40多年来，民营企业和民营经济获得了长足发展，为我国社会主义各项事业的发展作出了巨大贡献，已经成为拉动我国就业的主力军。因此，扶持民营企业和民营经济的成长和发展，对拉动就业、促进经济高质量发展都具有鲜明而重要的现实意义和深远影响。

经济发展都是有周期的，民营经济的发展也不例外。

韩定旺分析，当前民营经济和民营企业面临的发展难题，既受全球

宏观经济波动的影响，也有民营企业和民营企业家自身的原因。“特别是宏观经济上行周期中，很多民营企业没有处理好速度与质量的关系，在规模上盲目扩张，在创新和质量上又没有本质上的提升，就容易在市场竞争中迷失方向，导致经营困难。”

从自身实际经历出发，韩定旺强调，民营企业家一定要坚守自己的初心，要耐得住寂寞。“在任何时候都要尊重常识，尊重经济规律，不要盲目扩张。”

谋定而后动。早在创业之初，韩定旺的战略思维就非常清晰。

当初在公司的贸易业务渐有起色之时，韩定旺就有了新的“图谋”。贸易只是创业旅途的起点，兴办实业才是他的目标。

当时，进口医药产品在国内医疗市场十分抢手。他发现进口西药在中国市场的价格很高，但在临床上仍然是拿着钱买不到药。供应短缺是最大的商机，为什么我们自己不能生产呢？

韩定旺这样想了，也这样做了。

赚钱要有商机，唯有善于把握商机的经营者才有可能实现自己的目标，这是商业活动的基本规律。长期扮演中国市场经济探路者的民营企业一再印证了这个铁律。

把握商机不但要凭智慧，还要有胆量。从买卖药品到生产药品再到打造出自主品牌，韩定旺的创业之路生动诠释了所谓智慧和胆量的真实内涵。

20世纪90年代前，“缺医少药”是中国医疗卫生领域面临的主要问题，而这源于人民群众对医疗产品的巨大需求和供给不足之间的矛盾。特别是在广大农村地区，这种矛盾尤其尖锐，而看病找赤脚医生，吃药用土方也就成为那个时代解决困境的无奈之举。在这之后，随着经济的发展和人们健康观念的增强，医药行业便迎来了十年大发展的机遇期。

“从1992年到2002年之间，医疗产品市场供不应求，做医药行业的人少，竞争不激烈，人们对医疗保健缺乏常识，在那个年代，医疗产品完全是一个卖方市场。”在韩定旺看来，自己当时找到了一片蕴藏无限机会的商业蓝海。于是他果断决定将赚进口袋的积蓄全部拿出来，与欧美医药厂商合作建造符合国际标准的药品生产线，做贴牌产品出口，为创建自己的品牌积蓄力量。

“只要有足够的资金投入，单从药品生产环节来讲，药品生产并不太难。”韩定旺补充道，“有钱能从国外买到先进的设备，原料也可以进口，只要按照工艺要求生产即可。”简单说就是利用别人的科研技术和生产流程，帮别人贴牌做产品。代工很容易，但要创建自己的品牌却远不像想象的那么轻松。

国际医药产业格局表明，没有自主知识产权的企业注定会徘徊在产业结构的底层并受制于人，靠简单的制造加工赚取的收益只够维持生存，而日益高涨的原材料和劳动力价格更是大大压缩了本就微薄的利润空间，长此以往企业终将走向衰亡。

随着中国融入世界经济步伐的加快，对知识产权的拥有和保护越来越受到国人的重视，而企业家更是肩负着振兴本土品牌的重任，在经营管理中践行自己的品牌战略理应贯彻到企业发展的始终。

正是看到了其中深远的意义，从刚进入医药行业的那一天起，韩定旺就在有意识地做真正属于中国人的品牌。但令他始料未及的是，从把意志付诸实践到自主品牌的第一次下线，自己竟然一做就是二十年。

生物医药是一门专业性很强的学问，需要知识的积累、精力的投入，更需要毅力的支撑，对于只有师范教育背景的韩定旺而言，他只能感慨自己是个彻头彻尾的门外汉。学习成了韩定旺的必然选择，为此他报考了药科大学函授班从头学习。

“当然我不可能像别人学得那么专业，但既然是做这行的，起码要‘知其然’，别人向你汇报工作的时候，你才能作出决定，干还是不干。”

对于当今社会上诸如“老板不需要有文化”“老板只要说‘行’还是‘不行’”等观点，韩定旺并不认同：“那是没有办法的办法。”

品牌的树立和维护往往离不开技术的创新，而创新技术在医药领域则主要体现在新药的研发上。“医药行业吃的就是一碗‘开发饭’”。

在韩定旺看来，药品生产企业不仅要研发新品种，更为关键的是“新”中要具有两个价值属性，即学术性和商业性。学术性的核心是“安全”与“有效”，商业性则可以归纳为“患者群大”“成本合理”，在

这两者中，学术性是决定因素。

“学术价值是不能忽视的，在企业经营过程中我从来不研发只有商业价值而没有学术价值的产品，这是我们的原则，只要干这行就必须永远坚持。”这段话从韩定旺的口中说出来，显得很坚定。

其实，学术价值无一不是由科技研发得来的，而海南卫康药业有限公司立足的根本也正是在于对产品研发的倾力投入。

个中滋味，或许只有韩定旺本人知道。直言“回头太难”的韩定旺忍不住开玩笑。

“如果有一种法术能让人回到从前，我绝对不会再去做医药的品牌，太辛苦了！”

不过，做功和作秀的结局注定不同。

在韩定旺的带领下，经历十年研发，海南卫康药业有限公司的年销售额由1992年的3000万元飚升到2018年的35亿元。

值得回忆

“一个人一生要做点值得回忆的事情，无论什么时候，当你和自己的亲人、朋友在一起聊起这些往事时，你会为此而感到自豪。”

这是2002年一位领导同志曾经对韩定旺说过的一句话，他至今对此记忆犹新。

那一年，伴随着“振兴安徽”等利好政策的出台，全省各地掀起了招商引资的大潮，招商的力度更是一年胜过一年。作为在外发展较好的皖籍企业家之一，韩定旺自然成为当地政府的重点“关照”对象。尽管如此，尚未完全做好返乡投资准备的韩定旺依然犹豫不决。

在为返乡投资做准备期间，韩定旺曾多次深入家乡潜山县收集第一手资料，规划、交通、铁道……各部门跑下来，他的最大感触就是出行不便。

那时，合安高速尚未通车，从合肥到潜山最少得花6个小时，这对于企业的物流成本将是极大的考验。

除了交通瓶颈，潜山还存在很多其他不利因素，比如在吸纳人才方面就没有优势。

与合肥不同，潜山的城市功能很不完善，对于引进高端的研发人才，缺乏安居的条件，不安居岂能乐业？这就要靠多种工作形式、富有竞争力的薪酬机制来吸引人才，以真诚相待和理念趋同来留住人才。

在一个国家级的贫困县干现代工业肯定比在发达地区困难要大，成本要贵，风险要高。然而那里是他的家乡，不投，乡情这一关过不去；投吧，现实的不利因素很多，运行风险很大。

韩定旺陷入进退两难的尴尬，迟迟下不了决心。

此时，一位领导同志找到他，和他促膝长谈，坦率地告诉韩定旺：“一个人一生要做点值得回忆的事情，无论什么时候，当你和自己的亲人、朋友在一起聊起这些往事时，你会为此而感到自豪。”

领导的谈话促成了韩定旺在家乡投资的决心，他最终从自己下海积攒的“私房钱”中一次性拿出8000万元投在国家级贫困山区，建造了卫康药业潜山基地。

这也成为韩定旺商业生涯实现二次转折的拐点。

此后，换个角度看世界的韩定旺开始发现投资潜山的诸多利好。

比如，当时潜山的高速公路虽然还没有通车，但是规划已经明确，如今从合肥到潜山只需要一个多小时的车程，合安高铁开通后，合肥至潜山的车程将缩短至40分钟。加之生物医药并不属于粗放型的产业，每支药品所需要的原材料大多以克计算，毛重都很轻，物流在整个成本中的占比很小。

然而在当时，在大多数企业家看来，他的选择并不是一个明智之举，至少不是一个赚钱的明智之举，甚至有人直言在一个国家级贫困县干现代工业不可能有成功的机会。

韩定旺从特区到贫困地区投资办企业，转眼18年过去了，他不仅仅

收获了事业上的成功，更收获了家乡人民的信任与尊重。

尤其是2011年，韩定旺又追加投资10亿元，建设卫康医药产业园，总体规划占地面积400亩，按照欧盟GMP标准建设，建成后将成为国际水准、国内一流的药品生产基地。

厚积薄发，如今的卫康药业已经把投资生物治疗药物的开发研究作为后十年的发展目标。

2018年，卫康制药在当地纳税1.5亿元。在带动当地人民就业的同时，有力地拉动了潜山当地的经济增长。直到今天，韩定旺仍对自己当初的决定志得意满。可以想象十年、二十年后，卫康一定会站在一个更高的起点去攀登更高的成功之峰。

经常有朋友问韩定旺：在落后的县级城市投资与在发达的中心城市投资回报率能一样吗？韩定旺这样说，安徽的崛起离不开县域经济的支撑，而县域经济的发展必须靠工业化和城镇化双轮驱动。据称，这也是韩定旺在自己商业生涯第二个十年中持续建设家乡的信心和动力所在。

“发达国家的工业不全都是集中在大都市，有许多世界著名的工业巨头是成长于小城镇的。要真正实现中国工业现代化并赶上世界发达国家的水平，县域经济的腾飞是实现这一目标的基础条件之一，也是中国国情的必然。”

2018年8月28日上午，潜山撤县设市大会举行，使其一跃成为安徽最年轻的县级市。

当前席卷中国的新一轮城镇化热潮，无意中验证了韩定旺20年前对县域经济发展与城市经济发展之间关系的判断。笔者10年前采访他时，他直言不讳地指出，目前国内“千城一面”的城镇化建设或许对因地制宜、多元多样的发展带来思考上的障碍和行动上的制约，不利于社会

海南卫康制药（潜山）有限公司外景

创新能力的形成，不利中国整体经济的发展。这次他仍然坚持“新一轮的城镇化建设一定要突出‘新’字，加强创新，挖掘城镇自身的特色文化和气质”，远离“千城一面”。

他同时呼吁要使“市场手段与政府作为”共同发力，以人为本，规划先行，宜居宜业，以持续发展的路径开展城镇化建设。

什么为榜样？

十年创业，十年修心，韩定旺把自己的商海生涯分成两段。

“在头一个十年里，盈利是我们一直的想法，所以我们千方百计地提高产量、增加销售，但后来我们逐渐认识到企业经营要盈利，但也不能光有盈利。”

对于自己所取得的成绩，韩定旺并不愿多提。

商海沉浮二十载，他对企业、财富乃至人生的理解早已比很多人更透彻。

其实，创业之初，韩定旺也有过对财富的狂热追求。那时，为了盈利，韩定旺炒过外汇、投过房产、买过股票……

但与这些“快钱”相比，转了一圈后的韩定旺却固执地认为通过经营实业产生利润最为踏实。

“做实业压力大、很辛苦，可是我觉得很踏实，也很从容，因为所有的东西都是凭借汗水得来的，每一次投入我都觉得心安理得，这就是最大的收获。”

韩定旺给今天的自己的定位是“衣食无忧”者，用他的话说，自己既不是一个有钱人，也不是一个缺钱的人。

在摆脱了生活压力之后，韩定旺更多了一份思考，尤其是在面对既要追求理想又要面对现实的两难关系上，他有独立的思考与理解。

他认为：“理想与现实是人们生活的坐标，现实为理想而存在，理想是现实的目标。没有理想，也就没有了现实；没有现实，哪来的理想。它们是对立的，也是统一的。人既要崇尚理想，也要面对现实，一个不崇尚理想的人或许不是一个好人，一个不面对现实的人可能是一个庸人。如何践行理想与现实，古人的‘中庸’思想给了完美的答案。中庸乃是在适当的时候说适当的话，在适当的时候干适当的事。中庸之道，不是没有是非对错，不是不讲原则，关键是‘适当’二字，适当就是实事求是，就是审时度势。”

改革开放至今，相对于逐渐丰富的物质生活，人们的精神追求显得日趋多元，如何避免“拜金主义”“享乐主义”“个人主义”的侵蚀，是个非常复杂而又难以回答的永恒命题。“我们每个人每天都在回答，但答案却千差万别。榜样是最好的参考答案，什么为榜样？这又是一个更难的命题。全社会都在寻求答案，我相信这个答案会被找到的。”韩定旺若有所思地说。

当今时代，很多人喜欢以财富论英雄，更有些人把一个人的成功与否直接与拥有财富的多寡简单挂钩。这让韩定旺非常不敢苟同。他一再坚称，评判成功的标准很多，财富占比微不足道。

与此同时，韩定旺一直在不停地思考时代需要怎样的榜样，如何诞生不同人需要的不同的榜样，等等，他也在寻找自己的榜样。

2008年“5·12”汶川特大地震发生后，灾区同胞的遭遇深深地牵动着每一个人的心。韩定旺当即决定，通过安徽省红十字会向灾区捐赠价值200万元的抗生素等急需药品，全力支援灾区抗震救灾工作。

2008年，韩定旺在家乡潜山发起并成立了“卫康助学基金会”，专门资助那些家庭困难又成绩优秀的学子。基金会成立十年来，共捐款2000万元，帮助了1000多名寒门学子圆了大学梦。

2012年，他回访母校潜山野寨中学，在了解了学校的发展情况后，为给母校师生营造一个更加优良的教育环境，他于2013年1月捐款100万元为野寨中学修建了景忠讲堂。同年10月，为了回报家乡父老，他又捐资48万元在黄铺镇祥圣村修建村道。

韩定旺到底帮助了多少人，这些对他来讲或许都已不重要。韩定旺常说：“爱，只可以定性，不可以定量。一个人只要心中有爱，愿意以爱之名帮助他人，那么他就是值得我们尊敬的。”

随着年龄的增长、阅历的丰富和思考的深入，韩定旺对人性和社会的感悟也越来越深刻，他对社会发展过程中种种焦虑的认知也会越来越接近本质。

在与笔者的交谈中，韩定旺一再强调要尊重历史、尊重规律、尊重常识，想要一夜暴富者无不是白日做梦，到头来终将是竹篮打水一场空。所有的成功都离不开长期的坚持和不懈的努力，个人的成长如此，企业的发展如此，民族的进步亦如此。

2013年，在回访母校野寨中学时，韩定旺直言没有什么大道理和同学们分享，但是希望同学们能够博览群书，注重提高个人修养，健全人格。“无数历史经验告诉我们，唯有思想能穿越时空。”

至今，这句话仍静静地挂在野寨中学的景忠讲堂里。

『方向比努力更重要。』

从中国仓储地产拓荒者向冷链供应链综合服务运营商的这一步跨界，李士发坚信，宇培未来资产规模超千亿元、产值超千亿元的『双千亿』企业之梦，或将提早到来。

李士发

宇培国际控股集团董事长

第二届徽商奥斯卡“十大徽商领袖”

李士发
在冷链上奔跑的强者

文/邵 梦 摄影/姜朝洋

李士发总是以“领跑者”的姿态驰骋于商界。

无论是中国民营企业进入仓储物流地产的“第一人”，还是转型打造千亿级冷链供应链，皆是如此。

16年前，在中国仓储物流地产一片空白时，他一手创办的宇培横空出世。从反周期操作储备超过2000亩土地，到引进国际性风投机构逾14亿美元的资金；从运用高标准建设、优质客户招商、成本控制、专业化管理等国际化运营手段，到以580万平方米、60座物流园的仓储地产体量在全国织就一张宇培仓储网，宇培成为国内物流基础设施供应商与服务商的龙头企业，并与普洛斯、安博置业、丰树置业、嘉民集团等国际知名物流地产商同场竞技。

两年前，在中国冷链物流需求激增的新“蓝海”，宇培开启了全新的想象空间：成为打造全球58个冷链园区、总投资32亿元的冷链供应链“领航者”。

“依托现代物流设施、供应链管理、现代化建筑、金融服务四大板块的联动效应，未来宇培要向资产规模超千亿元、产值超千亿元的‘双千亿’企业进军。”李士发55年的人生轨迹与宇培18年的发展脉络相互交织，既揭开了一个行业巨擘从无到有、从拓荒者到金字塔顶端的挥斥方遒，同时也是中国民营企业不断探索、创新、成长的缩影。

正如李士发所说，人生第一个十七年，是品格塑造的十七年。第二个十七年，是责任担当的十七年。第三个十七年，是高速发展的十七年。“第四个十七年，将是我人生格局拓展的十七年，也是宇培国际控股发展的第二个重要的十七年，在这十七年里，我们将制定未来的三个五年规划，将解决民生问题和绿色发展作为战略方向，创造更大的社会价值。”

“方向比努力更重要”

论年龄，宇培供应链管理集团有限公司并不算国内冷链物流行业内的“老兵”。

然而，进军该领域仅三年多时间，宇培便成功打入新零售“超级玩家”的合作名单：阿里巴巴旗下的“盒马鲜生”，美团旗下的“小象生鲜”……

在这个讲究“站队”的互联网时代，宇培却同时得到了众多新零售“大咖”的青睐。看似“举重若轻”的做派背后，宇培编织的一张覆盖全国约80%区域的冷链网络逐渐浮出水面。

宇培提供的数据显示，到2018年底，集团实现22个冷链园区布局，

面积为45万平方米。计划到2021年，宇培供应链板块将在全国布局50个冷链园区、在海外布局8个冷链园区，总面积超过158万平方米，500个城市配送网点，300条干线运输线……一个总投资32亿元的千亿级冷链供应链生态服务体系正在全球范围内加速形成。

“方向比努力更重要。”从中国仓储地产拓荒者向冷链供应链综合服务运营商的这一步跨界，李士发坚信，凭借着深耕冷链供应链这一既蕴藏巨大潜力又面临成长“烦恼”的“蓝海”，宇培未来资产规模超千亿元、产值超千亿元的“双千亿”企业之梦，或将提早到来。

时间追溯至2016年，与阿里巴巴、京东等电商大佬们始终保持深度合作的李士发发现，在用于食品生产、运输、储藏等过程中保持低温以保证食品质量、减少食品损耗的冷链物流市场，行业的空白与需求的激增矛盾日益激化，令整个行业开始成为一片充满想象力的新市场。

一方面，由于投入门槛高、运营成本高、回报周期长等因素掣肘，冷链物流长期以来备受“冷落”。

一组数据足以佐证：当年冷链物流收入甚至不到社会物流业总收入的3%。以冷库为例，我国冷库总容量达到10742 亿立方米，位居世界第三，而我国的人均冷库容量却与冷库总容量呈倒挂态势。全球人均冷库容量为0.2 立方米，冷链物流发展水平较高的国家人均冷库容量高达0.96 立方米，而我国人均冷库容量仅为0.143 立方米。

另一方面，随着电子商务、新零售的兴起，消费升级是大势所趋，作为上游产业，冷链物流开始迅速繁荣。

公开数据显示，我国每年销售的易腐食品超过 10 亿吨，仅果蔬类每年的损失额就可以达到 1000 亿元以上。其中需要冷链运输的超过50%，但目前综合冷链流通率仅为 19%，而欧美的冷链流通率可以达到95%以上。

以盒马鲜生、超级物种、小象生鲜、苏鲜生等为代表的生鲜业态成为了资本与巨头交织的新风口。基于此，冷链产业的需求越来越大，要求也越来越高。

“发展冷链物流是大势所趋。”做了大量的调查研究之后，李士发认为，目前中国的冷链物流行业还处于粗放型起步阶段，挑战中充满了巨大的想象空间。

首先，整个行业缺乏头部效应。2017年，中国冷链物流百强企业总收入为259.83亿元，平均每家年收入不到3亿元，年收入超过5000万元就能进入百强。

不仅如此，全行业平均净利润率仅在3%左右，而且利润空间仍在不断压缩。一部分冷链物流企业赔本赚吆喝，另一部分企业不惜主动放弃既有业务断臂求生。

其次，在模式上，冷链物流企业以区域型的仓储模式或运输模式居多，能实现全球网络布局以及全产业链的冷链供应链服务体系几乎没有。

另外，与我国冷链物流相关的法律法规和标准体系并不健全，缺乏必要的行业标准和监管机制。“冷链是通过集约化、标准化降低成本，从而实现利润的，所以前端企业生产、加工包装以及政策都亟须标准化和规范化。但目前来看，冷链运输货品种类繁杂，各地对于冷库、车辆的规范化要求差异大，对冷链行业的标准设立而言也是一种障碍”。

“要成为中国冷链产业变革发展的先行者。”尽管阿里、京东等电商巨头们向上游的拓展，以及万科、新希望等传统行业的入场，令冷链物流行业的竞争空前激烈，但李士发仍然信心满满地给宇培定下了“小目标”。

“买全球、卖全球、运全球”

能够在群雄逐鹿之中立下豪言壮语，李士发并非无的放矢。

“冷链物流行业的竞争，除了完备的基础设施，还有多样性的供应链服务能力，要能满足不同消费者的需求，而互联网在这些环节中只是一个工具，没有实体产业，如此‘互联网+’则会成为无根之木、无源之水。”在其看来，第三方冷链服务企业不仅要有物流基础设施这条“看得见的经络”，还要具备全球供应链服务体系这条“看不见的经络”，软硬结合才能发挥出最大的效能。

基于此，李士发在传统的仓干配业务之外，开始向全球源头食材采购和供应链金融行业进行延伸。一个定位于供应链服务云平台，立足于一个云平台、三大服务体系、八大服务板块的冷链物流网络迅速在全球范围内成形。

挪威的三文鱼、加拿大的波士顿龙虾和珍宝蟹、古巴龙虾、越南深海野生黑虎虾、墨西哥红龙、厄瓜多尔白虾、南非谷饲牛肉、乌拉圭草牛……通过宇培供应链旗下的宇配网，全球企业及个人卖家得以采购、批发宇培源头直采的全球食品。集“客户协同系统”“运输管理系统”“订单管理系统”“仓储管理系统”于一体，宇配网这一开放式S2B冷链供应链服务云平台同时还嫁接了实现冷链仓干配体系资源协同、全程可视化的云仓储和云物流，实现全球贸易流通、实时查询货物通关和物流状态的B2B商城，快速实施线上放开的云金融，判断价格趋势、热点区域、热卖产品的大数据智库及云清关等不同服务模块，用以提供包括冷链仓储、运输、配送、国际贸易、供应链金融、生态孵化、管理输出、数据分析在内的八大服务功能。

“宇培这套精细化的运营管理服务体系可简单总结为冷链仓储、冷链运输、冷链配送、国际贸易、供应链金融‘五位一体’一站式服务体系。”李士发介绍，仓储方面，58座冷链仓储园区分布全球，包括11个自贸区，冷冻、冷藏、恒温、常温、零下65℃超低温等多温区设置保障不同需求。

运输方面，宇培供应链自有冷链车辆150辆，协管冷链车辆超过1000辆，打通全国300多条干线线路，利用强大的TMS车辆管理系统，全程实时监控车辆位置以及车内温度、湿度状态，保障食品药品安全。

配送方面，覆盖500个城市配送网络，通过数据交换平台制定最佳配送方案，降低配送成本，实现全程轨迹可视化。

贸易方面，全球食材在海外仓、产地仓、保税仓和国内仓的联动优势下，实现从源头到终端的一站式跨境贸易服务——“买全球、卖全球、运全球”。

金融方面，委托采购、存货质押、应收账款保理、融资租赁等多层

宇培国际控股集团

次金融服务将提高宇培供应链上下游企业的贸易流通效率、扩大交易规模。

“五年内规划覆盖超过80%的中国实体及网上批发群体，业务拓展至全国300个城市，实现年销售千亿元的目标。”

宇培供应链集团除了发展“仓干配”一体化的分拨型园区，还大力发展“源头&产地型”园区，利用园区的集聚特性发展全产业链业务，从而与全国的分拨网络形成联动。宇培产业集聚园区依托具有源头属性和产地属性的冷链园区，与遍布全国的冷链分拨园区联动，将互联网、移动互联网、物联网和大数据中心作为技术支撑，通过S2B冷链供应链服务云平台对国际鲜冻品和海洋产品的商流、物流、信息流及资金流等供应链流程进行产业升级和再造，为入园企业提供一站式全流程服务体系，涵盖源头采购、国际贸易、国际物流关务服务、保税服务、生产加工、品质控制、冷链仓储、冷链运输、冷链配送、供应链金融、大数据分析等，全面为产业集聚企业赋能，打造冷链行业全产业链服务型园区的标杆。

未来三年，宇培将打造2个鲜冻品产业集聚园区（芜湖、上海洋山港）和8个海洋产业集聚园区（大连、青岛、舟山、象山、福州、厦门、广州、海口），形成至少拥有资产100亿元的产业集聚规模。

“天网”+“地网”

从冷库、冷链车、网点等“硬件”的搭建到采购、包装、运输等“软件”的组织，其门槛之高、涉及资金之大，令许多企业“可望而不可即”。

反观宇培，其之所以能够迅速在全球缔造自己的冷链“王国”，是因为李士发的战略思维——围绕冷链供应链核心的仓储网络布局，通过对行业的理解以及与大型生鲜电商的合作，准确把控供应链核心环节与设计服务；基于大数据的智能化开放式平台，开发了针对冷链供应链各个环节所需的云端管理系统及互联网应用，实现从产品到服务各项资源的汇集与整合，提供交易便利的辅助平台，为B端客户服务。

更为关键的是，其母公司宇培集团高达690万平方米物流园区的土地储备和580万平方米运营园区的资源为供应链板块的迅速扩张提供了充足的“弹药”。

智造之魂
智造之力
智造之芯
数字化
信息化

“对于宇培来说，拥有一张‘地网’，打造了一张‘天网’，两网融合运用将全面支撑宇培的战略布局。”李士发表示，如果将供应链视作一张覆盖全球的“天网”，那么宇培仓储地产则是一张“地网”，并在过去16年里，从中国民营企业进军仓储地产的“先锋”，一路发展成为定位于国内物流基础设施供应商与服务商的行业“巨擘”。

早在2003年，距离李士发成立上海宇培实业有限公司和上海宇培建筑装饰工程公司，从事建筑材料生产和建筑装饰工程已经过去了三年时间。

十年的从业经验和三年的创业经历，让李士发在上海站稳了脚跟。

然而，就在李士发建筑事业如日中天之时，他却毅然放下最熟悉的领域，转战仓储地产的开发运营。

一切似乎只是个“偶然”，却又隐藏着“必然”。

那一年，李士发在上海虹桥开发区拿下了40亩地，计划建立一个建筑材料生产工厂，当工厂建好后，他发现还空出一半面积的土地未被使用。

“不如盖一些厂房用来出租吧。”起初他并没有将出租厂房这个主意当回事。然而让他没有料到的是，新建的厂房很快就被租完了，多数是物流公司租下来作为仓库，用于堆放物资的。

这一小小的细节看上去微不足道，但李士发却从中敏锐地嗅到了一丝商机，仿佛是湖面上的冰开始碎裂，有汹涌澎湃的湖水即将涌上来。

作为商人，挖掘出新商机，这本没什么。然而，在当时尚属于一片空白的中国市场，在国际知名的头部仓储地产商均未“染指”中国的当口，他的发现足以令宇培成为中国仓储地产的“拓荒者”。

那一年，李士发38岁。

不惑之年，他的棋局才正式打开。从2003年与日本伊藤忠商社、中国台湾顶新集团展开深度合作，分别为他们旗下的两家物流公司定制上海宇航桃浦物流园和上海西北物流园，到2007年为德国西门子定制其当时在大中华区最大的定制物流分拨中心——滁州仓储基地，宇培在中国仓储地产界声名鹊起。

尽管在此期间，全球领先的“大佬”——美国普洛斯才将“仓储地产”的概念引入中国；尽管此时，美国安博置业、新加坡丰树置业、澳大利亚嘉民集团陆续登陆中国市场，开始牢牢把控中国仓储地产市场的半壁江山，但是，作为中国民营企业进入该行业的“第一人”，仓储物流地产行业始终绕不开李士发这个名字。

手握土地储备，布局全国网络，加之高标准建设、优质客户招商、成本控制、专业化管理等国际化运营手段和不断引入战略投资的谋略，都给了他敢于叫板国际巨头的勇气和实力。

危机中蕴藏着机会。

2008年金融危机令外资仓储地产商们一路高歌猛进的步伐戛然而止。有些外资企业甚至已经黯然退场，比如日本新熙地株式会社就在当时撤出了在中国市场的投资。

“在金融危机期间，大部分外资仓储地产运营商基本上就没什么动静，一两年才建几万平方米仓库。”作为对手，李士发一直关注着这些外资巨头的动向，“一步落后、步步落后，许多企业到现在也只有50万—100万平方米的仓库，而且基本没有土地储备，未来肯定无法跟上宇培的扩张步伐”。

当时，由于中国物流用地价格相对低廉，有些甚至只有普通地价的三分之一，同时，金融危机给海内外房地产行业造成了极大的打击，于是，国内资本纷纷涌入中国物流仓储地产，希望能瓜分这一块诱人的蛋糕。

此时在国内大批量拿地的反周期操作手法让李士发实操了一波“兵马未动,粮草先行”的军事谋略。相继在上海、北京、广州等地拿下了多宗地块后，宇培迅速完成了近2000亩的土地储备，一个立足长三角、辐射全国的完善格局，使宇培真正以一个行业全国领跑者的姿态强势崛起。

“始终坚持高标准”

“其实真正符合国际标准的物流仓储地产，行业门槛非常高。”李士发深信，物流仓储地产不同于商业、住宅地产，没有暴利，追求的是一种缓慢而稳定的利润回报，投资回报周期长达10年。

不仅如此，物流、物流仓储地产的价值更集中体现在对产品的高水准设计、开发，对市场的准确定位，对客户需求的深刻理解并提供良好的增值服务，对开发成本的优秀管控以及对经营合作模式的创新探索上。

首先，物流仓储地产有统一的国际标准。

比如，宇培所有的产品均为国际标准甲级库，对于建筑材料、仓库净高高度、柱距大小、消防设施、温度等条件都有较高的要求。但是国内大部分物流仓储地产商由于缺乏专业知识，凭空想象建造，最终导致物流仓储地货物转运效率极低，甚至集装箱卡车都开不进去，造成了极大的资源浪费。

通过与美国战略投资者的合作，宇培对整个业务流程的科学性、准确性和无缝衔接都提出了更高的要求和标准。

从土地储备、投资分析到项目规划设计、开发建设再到市场营销、物业管理，业务流程的每个环节都经历了上百次的改造探索和优化。改

**宇培提供的数据显示，
到2018年底，
集团实现
22个冷链园区布局，
面积为45万平方米。**

宇培沈阳园区

宇培昆山园区（冷库）

宇培国际控股集团外景

宇培嘉兴园区

造的结果就是整个业务流程简洁明了，各环节紧密联系。

在这样的内部管理支持下，宇培的产品始终受到客户的好评，其出租率高达95%，远高于同行水平。国外科学严谨的管理理念和中国本土企业快速灵活的业务能力，共同在宇培结出了丰硕的果实。

其次，物流仓储地产是一个跨行业的复合产业，需要综合型公司来管理、运营，不是开发商或是物流公司单方面运作就轻易能成功的，对运营公司的管理及运营能力有较高的要求。

“宇培刚进入物流仓储地产开发领域时，因为对这个行业比较陌生，我们在管理上也曾经出现过一些问题。但是现在，宇培从前期的投资建设，到后期的招商管理，都形成了一整套成熟的流程体系。”李士发认为，最重要的门槛在客户群。

“要想在物流仓储地产行业长期生存，就一定要以客户需求为导向。以优质产品及优良服务让客户满意，得到客户的认可，形成口碑效应。”进入物流仓储地产近15年的李士发深谙此中之道，“一个物流仓储地产动辄几十万平方米，没有这些大客户，如何解决空置率的问题？”他表示，物流仓储地产开发商须拥有强大的整合能力和客户资源才能控制空置率从而保持盈利，而很多进入行业的公司专业性较低，服务品质无法满足客户需求，不能有效解决或减少空置问题。

正因为如此，宇培甫一成立就瞄准了中国物流仓储地产第一品牌的目标，锁定了世界500强以及中国的一些顶级企业。李士发不无自豪地说：“客户群是宇培最大的资源，现在阿里巴巴、京东、伊藤忠、中外运、博世西门子、顶新国际、全球国际物流等都是我们的核心客户。”

当然，这些优质客户不是从天上掉下来的，需要去争取甚至虎口夺食。

因此，多年来以客户为导向是宇培业务发展的首要准则。更重要的

是，李士发还要求团队主动参与到客户自身的经营活动中去，积极与客户分享自身的物流运营经验，为客户业务效率提高提出建设性的意见，哪怕这种意见会影响宇培的短期业务收入。

“除了高品质的产品与服务，由于我们的建筑成本低，我们可以把成本优势通过租赁价格嫁接给客户，给客户实惠。比如，普洛斯的租金每平方米一块钱，我就做每平方米八毛，我们的产品质量和后期服务和外资企业相差无几，但价格却优惠20%，所以客户更倾向于与我们合作。”他透露。

低成本一直以来都是宇培在市场中制胜的法宝。

同等质量水平下，宇培的建筑成本每平方米比同行低200元。以2万平方米的小型物流基地为例来计算，节省成本400万元。

“成本控制对于企业而言至关重要，因为任何一个公司要长期持续发展下去，必须得考虑成本。”李士发举例，顶新国际在宇培租用将近15万平方米的仓库，按照每平方米节约两毛钱来计算，每年至少能够节约1000万—2000万元的仓储费用。

“虽然这个市场谁都可以进，但并不是所有人都能玩得开，一不留神就可能把自己折进去。许多人认为物流仓储地产开发不就是建一个大仓库嘛，多简单的一件事啊。”李士发感叹，没有雄厚的资本实力，想在物流仓储地产行业占有一席之地实是难如登天。

起初，动辄上亿元的资金投入也令他有时感到捉襟见肘。

然而，李士发的目标是剑指全国。战略性引入国际资本再度体现了他的过人胆量。过去15年来，宇培总共斩获了美国知名地产投资基金Equity International（简称EI）、知名私募股权投资公司RRJ投资，全球另类资产管理公司凯雷投资集团（Carlyle）和汤森集团（Townsend）共计近14亿美元的投资。

2008年，宇培获得了“坟墓舞者”——山姆·泽尔掌舵的EI4700万美元的风险投资，并成立了合资公司——上海宇培(集团)有限公司。同时，借助EI的资金及其优秀、熟练的资本运作能力，宇培通过资本市场成功募集了4亿美元的资金。

李士发回忆，国际风险投资考察投资对象，首先考察的并不是公司的当前盈利能力，而是公司老总的品质。

此前EI公司寻找了一年半，在中国上万家公司中没有找到合适的合作伙伴。遇上李士发，虽然有中间人的牵线，但仅仅谈判两次就敲定注资，也从侧面证明了李士发的格局与魄力备受EI青睐。

他至今还记忆犹新，双方签订框架协议的墨迹未干，美方代表就说:“我们现在是坐在宝马车上,你就是开车掌舵的人。”说完又添了一句话,“我只跟你赌。”

2014年,宇培与RRJ资本签署战略投资协议,首期投资2.5亿美金,共同开拓中国物流仓储地产市场;同年,宇培携手全球另类资产管理公司凯雷投资集团(Carlyle)和汤森集团(Townsend)共同投资4亿美元;2015年,RRJ资本追加2.5亿美金投资……在充足的资金加持下,宇培物流地产版图在全国迅速扩大,登陆资本市场的梦想正式照进现实。

2016年7月15日,宇培旗下中国物流资产(股票代码:01589.HK)成功在中国港交所挂牌上市,成为首家登陆中国香港联交所市场的中国本土物流地产企业。

“发展没有终点,只有起点”

宇培提供的数据显示,目前,宇培这张“地网”已覆盖中国42个城市,管理和运营着60个物流园区,物流资产组合(含在建及待开发)超过580万平方米,持有资产规模超过300亿元,形成了一个覆盖中国主要物流枢纽城市的高效物流设施网络。

然而,随着拿地成本的高企,万科、平安不动产等传统地产开发商以及阿里(菜鸟)、京东等自用开发商的纷纷入场,中国物流仓储地产的竞争日趋白热化。

“求稳是关键。”面对行业瞬息万变的局面,李士发认为要稳扎稳打,以每年50亿—60亿元投资、新增3000亩土地储备的速度稳步前行。

此外,为了进一步降低成本、去杠杆,宇培集团现代化建筑、供应链金融两大板块的影响力也日渐重要起来。

李士发介绍，2018年，紧密围绕“建筑业供给侧改革”“中国制造2025”和“一带一路”倡议，宇培投资12亿元打造的智能化装配式建筑产业集群正式进入产业布局和技术研发阶段，实施建筑设计、装配式建筑材料、精品工程建设、新型产业地产四大业务协同发展的战略方针，通过工业云平台和大数据来全面提升建筑产业的综合服务能力和服务效率。

以智能化装配式建筑为发展核心，以“一核四翼”的运营模式，宇培将全力打造装配式建筑产业的一站式智能制造服务平台，采用“智能设计+智能供应+智能制造+智能建设”于一体的EPPC模式（装配式建筑工程总承包）来实施整体解决方案，形成从设计研发、智能制造、工程实施到装配式建筑产品输出的产业闭环，服务于工业与民用建筑。

技术层面，宇培成立了“建筑设计院”这一拥有建筑工程设计甲级资质的现代化建筑产业深化设计中心，作为“智造之脑”，设计院将全面应用建筑信息化模型BIM技术进行设计和全程施工指导，将数字化工具应用于设计、建造和管理中，大幅提升工程效率、降低成本、缩短建设周期，并将项目数据信息与工业云平台进行深度融合，实现建筑工程的全生命周期数字化管理和可视化服务。

生产方面，宇培成立了筑工科技有限公司，作为现代化建筑产业集团的智能制造中心，其拥有业内领先的全自动化、智能化装配式建筑生产线，同宇培建筑设计院的BIM技术和工业云平台进行无缝对接，在工业大数据的支持下，形成一个在工艺、成本、流程、效率、质量等各个环节进行自我学习和自我优化的智能化云工厂。

建设方面，在过去长达十年的发展过程中，宇培建设已积累了自身的实力和经验，从工程总承包到成套施工技术研发、从工程设计咨询到

工程配套服务、从产业集成到社会资源整合，为众多世界级企业提供专业化服务。项目涉及5A级写字楼、五星级宾馆、工业建筑、商业建筑、民用建筑等，项目遍布全国，年竣工面积超过300万平方米，年产值超过100亿元。

眼下，安徽芜湖一个占地400亩、总建筑面积14万平方米的大型装配式建筑智能云工厂已率先启动。

“未来3—5年，现代化建筑产业集团将持续开发具备市场潜力的国内市场，在全国20个省会城市及重要核心城市投资20个智能化装配式建筑制造中心，同步拓展国际市场，打造全球领先的现代化、智能化装配式建筑产业集群，成为中国建筑业变革创新历程中的先行者。”李士发表示。

不仅如此，整合超过300亿元规模的产业基金；积极开拓“一带一路”沿线国家、中国节点城市以及中国自贸区冷链物流设施支持的“一带一路”冷链产业基金，已拥有香港证监会证券交易、证券资讯、资产管理牌照，基金规模达100亿元；服务于物流供应链领域的创业型和快速成长型高科技企业的创投基金规模超过10亿元；服务于现代化建筑产业的现代化建筑产业基金规模超200亿元……致力于产业资本与金融资本的融合，宇培已形成围绕产业发展的股权、债权、资产证券化等立体化金融服务，真正打造多业态、多元化发展的全球性投资管理平台，基金总规模超过600亿元。

“依托现代物流设施、供应链管理、现代化建筑、金融服务四大板块的联动效应，未来宇培要向资产规模超千亿元、产值超千亿元的‘双千亿’企业进军。”李士发表示，从国内第一批进入现代仓储地产的民营企业到如今的物流基础设施供应商与服务商，发展永远在路上，没有终点，只有起点！

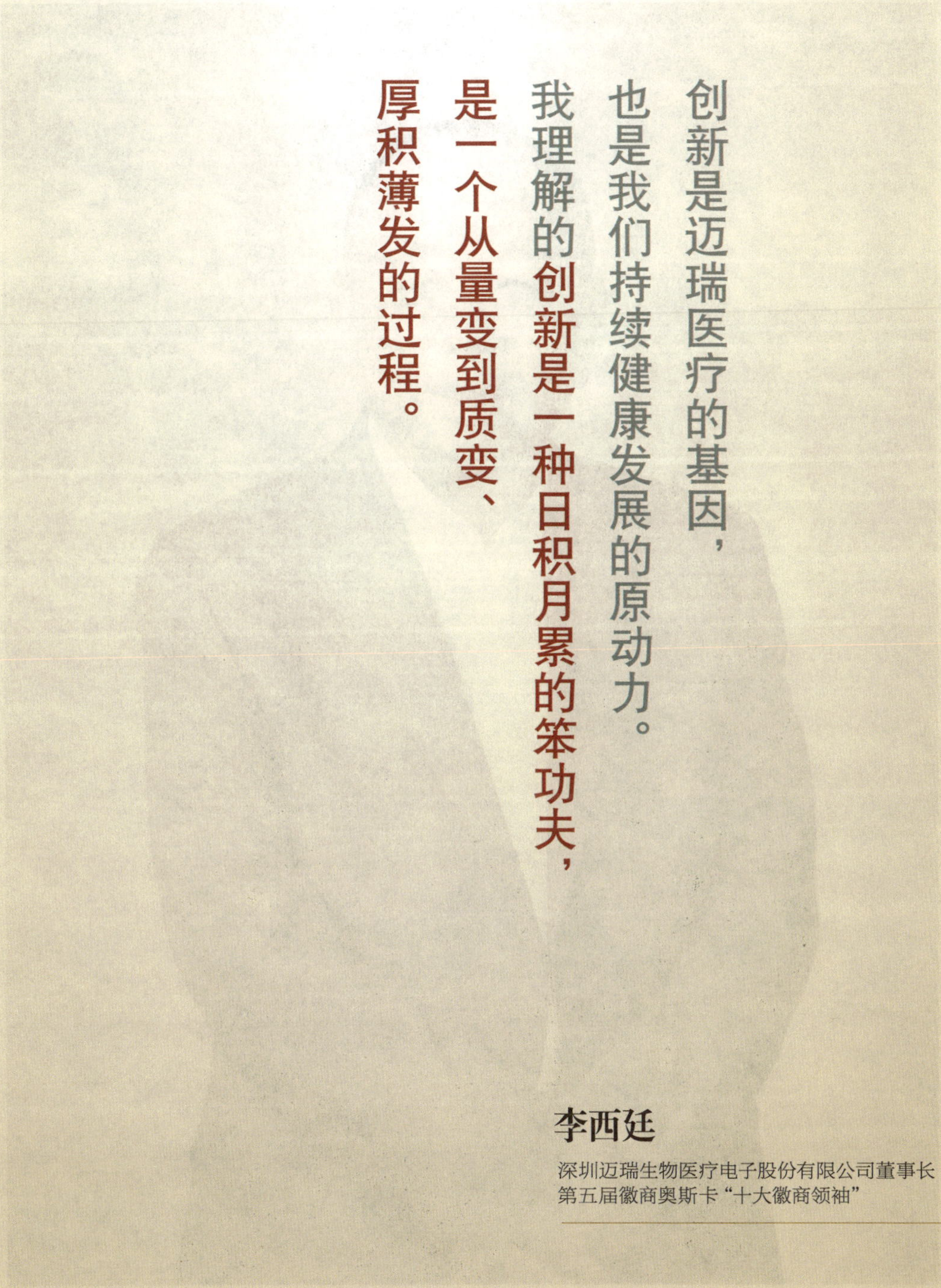

创新是迈瑞医疗的基因，
也是我们持续健康发展的原动力。
我理解的创新是一种日积月累的笨功夫，
是一个从量变到质变、
厚积薄发的过程。

李西廷

深圳迈瑞生物医疗电子股份有限公司董事长
第五届徽商奥斯卡“十大徽商领袖”

李西廷
奋斗者的密码

文/马园园

商业世界素来波谲云诡，可总有一些人会为理想而热血澎湃，他们不惧挑战、不畏艰险，即使强敌环伺在侧，依然一路披荆斩棘。他们身上总有关乎梦想的微光迸发，总有身负重任的自我驱动，总有使命必达的信念和行动支撑前行。

从长期被国外企业把持的医疗器械市场“虎口夺食”并成为中国最大、全球领先的医疗器械及解决方案供应商，迈瑞医疗董事长李西廷过往28年的峥嵘岁月书写的正是关于理想、创新、变革的商业史诗。

与华为相同，这家低调潜行却搅动世界医疗器械行业风云的企业同样成长发展于深圳，而公司掌舵人李西廷却是地地道道的徽商，生于安徽砀山、学成于中国科技大学的他，用“自主研发”改写中国医疗器械行业的历史。

其间不免跌宕起伏。1991年迈瑞医疗成立，虽有技术加持，可初涉商海的李西廷和创业伙伴并无太多商业经验。直到今天，他仍然记得第一次去北京参加医疗器械展会时的情景，李西廷和伙伴们身兼销售业务员、技术工程师数职，虽苦于资金紧张只租得起半个展台，却不阻其一片热忱。签下第一笔订单时，他们几个人激动到签字手抖，撕了三次才最终签好合同。

创业伊始，生存是第一要务。迈瑞医疗虽以销售起家，最终却凭借在技术与创新上的持续加码，成为中国医疗器械领域的绝对王者。2006年，公司在纽交所上市，2016年私有化回国，并最终于2018年10月16日登陆创业板，创下了创业板有史以来最大规模IPO的纪录。

知名期刊《经济学人》评价迈瑞时，称赞其“高效整合全球资源，提升创新效率”。在自主创新的同时，迈瑞也在全球范围内布局业务，其产品与解决方案已应用于全球190多个国家及地区。

问及迈瑞何以多年保持高质量发展时，李西廷的回答简洁坦诚，“创新是迈瑞医疗的基因，也是我们持续健康发展的原动力。我理解的创新是一种日积月累的笨功夫，是一个从量变到质变、厚积薄发的过程。”从曾经的“挑战者”到如今的“守擂者”，迈瑞的发展生动演绎了创新驱动、自主研发的真谛所在。

对于这位一生情系人类健康、潜心医疗器械的徽商领袖而言，前方的征途是星辰大海。

视研发为生命

随着城镇化、人口老龄化速度的不断加快，以及医疗保险覆盖率的提高，中国的医疗需求正在不断释放，医疗器械的广泛使用呈现井喷发展态势。与需求难以匹配的是，这个市场的主动权大多集中在少数国外头部企业手中，国内企业要想争得生存空间并非易事。

从改革开放之初，以GPS（通用、飞利浦、西门子）为代表的进口品牌曾长期“霸占”国内医疗器械市场，以迈瑞医疗为代表的民族企业用了20余年完成逆转，跻身国际知名品牌。

目前，迈瑞的主营业务主要覆盖生命信息与支持、体外诊断、医学影像三大领域，在中国超过 30 个省、市、自治区设有分公司，境外拥有 39 家子公司。全球员工过万人，其中研发人员占比超过 20%，外籍员工超过 10%，他们来自全球 30 多个国家及地区，形成了庞大的全球研发、营销和服务网络。

迈瑞医疗狂飙突进的背后，是李西廷在医疗器械领域近30年的不懈追求。

20世纪90年代初，迈瑞医疗正式创办，与不少初创企业一样，受制于资金短缺的迈瑞从代理医疗器械起步，业务渐入轨道，可是现实路径也倒逼迈瑞人作出选择：是继续在代理之路上躺赢还是自力更生走研发之路？

李西廷没有过多犹疑，坚定地选择了“窄门”而不是“坦途”。在他看来，选择自主研发是一条艰难的路，是一道“窄门”，但却是最正确的选择。1992年底，迈瑞自主研发的第一款产品——国内首款单参数血氧饱和度监护仪推出，因注重品质和服务，产品在市场上树立了良好的口碑，并迅速打开发展局面。

此后，迈瑞在自主研发、创新驱动的道路上越走越远。后期公司又陆续推出中国第一台拥有完全自主知识产权的全数字黑白超、第一台全数字彩超、第一台中高端便携式彩超，填补了民族医疗超声产品的一项又一项空白。尤其是2015年推出的中国首台高端彩超昆仑Resona 7，更是代表了民族超声的最高技术水平，引领了全球超声技术的新革命。

众所周知，医疗器械行业发展周期长、投入大，充斥着激烈的技术竞争、市场竞争，并且存在着产品注册周期长的行业特征。要想在这个领域活下去、活得好，并非易事。迈瑞不断推陈出新、以实力取胜的背后，是迈瑞对研发投入的高度重视。

资料显示，迈瑞是中国在自主研发、技术创新方面投入费用最多的医疗设备企业，也是技术专利发明最多的医疗设备企业。2015年公司在技术创新上的投入，超过同行业A股上市公司前十名研发费用的总和。2017年，迈瑞医疗研发投入为11.3亿元，达到营业收入的10.1%，占医疗器械上市公司前10名研发投入之和的40%。公司以每年推出10余款新产品的速度前行，平均每款新产品至少运用10项专利技术，不断重新定义医疗质量和效率的新标准。

目前，迈瑞已建立了以“美国+中国”为核心的全球化研发平台，并在深圳、南京、北京、西安、成都以及美国硅谷、西雅图、新泽西等地都建立了技术研发基地，同时构建了符合全球最高标准的质量管理体系与高效的智能制造体系，在世界范围内有2200多名研发工程师推动医疗技术创新。专利总授权量超过2700件，其中近17%为美国发明专利，迈瑞逐步成为我国自主知识产权医疗器械产品国际化和进军欧美发达市场的龙头企业。

2018年3月，在国家发改委公布的全国发明专利拥有量50强企业名单中，迈瑞的发明专利拥有数量为746项，居全国第40位，成为唯一上榜的医疗器械企业。在2015年全球医疗器械百强企业排行中，迈瑞位列第43名，是前50名中唯一上榜的中国企业。此外，迈瑞已连续4次被波士顿咨询公司评选为全球挑战者。

客人参观展厅IVD产品

在创新体系建设方面，迈瑞医疗构建了国际领先的医疗产品创新体系，定义了职责清晰的各级跨职能治理团队，建立了阶段目标明确的开发管理流程，为高效的开发创新提供了系统的理念和方法，为公司实现价值创造提供了一致的分析，为公司的投资决策创造了最大的价值。这个体系强调跨职能团队的协作与信息分享，为跨职能团队的协调合作提供一致的方法，有助于产品、市场、研发以及后端职能等部门在项目早期参与本业务领域产品开发管理，达成一致预期，避免为满足产品上市时间等要求，在开发后期牺牲产品执行效果。

李西廷深知，迈瑞所处的不仅是一个在夹缝中求生存的行业，还是一个需要攻坚克难的行业，更是一个关乎人类健康安全的行业。需

要秉承做专、做深的精神来办企业，更要有力争“数一数二”的进取心，打造属于中国人自己的高端医疗器械品牌，让世界看到“中国创造”的力量。

甚少出现在公众面前的李西廷，大多时候会准时出现在位于深圳科技园的迈瑞总部大楼35层的办公室内，处理完公务后，他会习惯性地和研发团队一起聊天，共同探讨研发中遇到的难关。在迈瑞，器械上的一根线要经几十万次测试才能过关，除了要考虑地域差异，如东部潮湿、东北地区寒冷，还要进行温度湿度测试，在沿海盐分高的地区要加盐测试腐蚀程度，还要考虑机器之间的组合会不会受到信号互相干扰……李西廷要做的正是最大程度上消弭可能存在的瑕疵，让迈瑞这艘正在航行的“巨轮”可以行驶在正确的航线上。

光环背后

尽管迈瑞医疗早已光环加身，但是身为掌舵人的李西廷却隐身其后，甘为企业发展服务。熟悉他的人都知道，李西廷没有别的爱好，唯有工作让他几乎倾注全部时间和精力。

前行之路上有喧嚣，但更多的是孤寂；发展之中的成功固然可喜，但失意与落寞也总会相伴随行。研读李西廷的成长历程，你会发现光环背后的李西廷也曾历经岁月考验，更使人感叹没有谁的成功可以一蹴而就。

李西廷生于宿州市砀山县，这座皖北小城地处皖、苏、鲁、豫四省七县交界处，他少时对于世界的认知和理解无不与家乡密切相关。家境贫寒的李西廷格外珍惜每一次机会。1969年，刚满18岁的他就作出了人生第一个重要的抉择——参军并前往湖北神农架山区援建。在那个年代，成为一名军人几乎是李西廷对于人生的最大期盼，其后四年的军旅生活充满磨砺考验，但也足以让他坦然笑对未来。

虽然年少时学习优异，参军后的李西廷却对未来在学业上的继续深造并未有更多的设想，谁知1973年恢复了一次高校招生考试，这次招生对象中包括有两年以上实践经验的“工农兵”，符合规定的李西廷“鱼跃龙门”进入中国科技大学物理系低温物理专业学习，毕业后又被分配到中科院武汉物理所工作。1980年，在武汉物理所工作期间，李西廷成为了法国巴黎第十一大学的访问学者，在巴黎度过了两年多的留学时光。这段从读书到工作再到留学的经历改变了李西廷的人生走向。

学成归来，李西廷不得不再次面对抉择。与参军相比，这一次他拥有更广阔的天地，也有了更多选择的可能。

李西廷几经思考选择了深圳这方热土，并进入深圳安科高技术股份有限公司工作。1986年，中国科学院与美国纳斯达克上市公司Analogic合资成立深圳安科高技术股份有限公司（下文简称“安科”），这是中国最早的高科技医疗器械公司。李西廷于1987年加入时，业界格局已经形成，深圳医疗器械行业位居全国首位，安科也是行业头部企业。

作家埃弗雷特·M·罗杰斯曾在《硅谷热》一书中有过这样一段记载：“硅谷大约70家半导体公司的半数，是仙童公司的直接或间接后裔。在仙童公司供职是进入遍布硅谷各地的半导体业的途径。1969年在森尼维尔举行的一次半导体工程师大会上，400位与会者中，未曾在仙童公司工作过的不到24人。”从某一方面来说，安科也在历史的选择中扮演了这样的角色。1991年，不惑之年的李西廷和多位同事一起创办了迈瑞医疗，在深圳这座创业之城开启了创业之旅。此后，深圳陆续

中国科学技术大学AED捐赠仪式

诞生了多家医疗器械企业，追溯源头也多与安科有着千丝万缕的联系。

回忆当初创业时的情景，李西廷也有诸多反思，“工作时间一长，内心有点迷茫，感觉在体制内一眼就看到头了。要实现人生的价值，还是要走出去干一番事业”。和别的旅程不一样，创业更多的时候只有开头，没有结尾，一旦踏上这段旅程就要向前奔袭，李西廷没有彷徨，也不曾迷茫，坚定的信念引领他一路向前。

而这一信念正是打造中国医疗器械行业自主品牌，与国际品牌在全球竞争中“试比高”。

依靠自主研发和创新驱动，迈瑞医疗在短短数年间就完成了从代理产品“独大”到自主产品销售“占优”的跨越。1997年，迈瑞的销售额达到了1个亿，彼时代理产品与自主研发产品各占半壁江山。两年之后，自主研发产品销售额达到1个亿，已大大超越代理产品销售额。

然而，李西廷也清醒地认识到，真要打响“迈瑞”品牌，光靠国内市场的开拓和销售显然不行。助力公司成长的低价策略虽然在一段时间里让迈瑞得到了腾挪空间，但是长此以往徘徊在低价市场，迈瑞依旧无法逃脱残酷竞争的旋涡，甚至可能在国内外企业的共同围攻下陷入被动局面，难逃失败厄运。

李西廷从来都是把主动权握在自己手中，这次也不例外。

当李西廷决意与“GPS”宣战之时，“高精尖”市场成了必争之地。

对内，迈瑞高度重视核心技术、创新体系以及人才梯队。

据李西廷介绍，当时迈瑞的技术研发部门与业务委员会、规划部门紧密合作，将创新的想法和市场的需求分类归入不同项目中，按照短、中、长期的规划分别给予不同程度的资金、资源支持。迈瑞每个事业部的研发中心，也根据不同技术方向细分为不同部门，他们专职研究产品线上的技术需求。同时，迈瑞还有一个新技术探索组，做具体的产品线技术开发。他们与其他软件、硬件、测试、整机验证、临床、工艺设计、技术法规等小组，构成了产品研发的所有流程。

产品力的持续提升为迈瑞在竞争中赢得了先机。

此外，与其身陷国际巨头“围剿”险境，不如反其道行之，将“战场”引到他们的地盘。通过在欧洲及美国的市场开拓及部分收购，迈瑞开始在海外市场有所突破。

2006年，迈瑞医疗成功在纽交所上市，成为中国首家在海外上市的医疗设备企业，直接提升了其在海外市场的品牌认知度和信赖度。

15年的发展，李西廷和其团队终于等到了成功敲钟的时刻。

那一刻，他以奋斗为自己、为迈瑞加冕。

向世界级企业进发

从2011年起，迈瑞医疗开启全球并购历程，已陆续并购12家公司，包括9家国内企业，3家国外企业。尤其是2008年并购美国Datascope公司生命信息业务，以及2013年并购美国ZONARE医疗的超声诊断业务，对于迈瑞的监护和超声影像产品线具有重要意义。

也正是在全球化布局中，迈瑞越发了解自己的需求。

2016年，迈瑞完成私有化并从美股退市，开始了回归A股之旅。经过两年的漫长等待，2018年10月，迈瑞成功登陆创业板，创下了创业板有史以来最大规模IPO的纪录。

“从大的背景来看，国家对国产医疗器械的重视程度越来越高，政策扶持力度加大，尤其是在高端医疗器械国产化方面。迈瑞作为民族医疗器械的领军企业，始终希望通过自身的努力，从一定程度上引领行业加速国产化进程，为健康中国战略和民族医疗器械产业崛起贡献一份力量。此外，在A股上市有利于引入更优秀的专家和员工。A股上市也更有利于公司积极践行外延式发展战略，通过并购重组进一步做大做强企业。”资本市场从不缺少惊心动魄的故事，可是谈及回归A股之时，李西廷的话语中更多透出的是平静与淡然。

时至今日，迈瑞医疗的市值早已超过千亿，但是李西廷并不执着于数字的跳动。他更希望带领企业对内做好内部管理、研发产品，对外积极拓展业务、占领更多市场，以此保证企业持续前行。“市值是市场给

带领客户参观迈瑞总部展厅

的，不管高低都要正面对待。但是有一条，自己要做到合规合法经营，保证迈瑞可以健康成长。”

与市值相比，李西廷更看重的是迈瑞医疗在全球的业务布局和影响力。在全球战略中，迈瑞始终秉持“医心一意”的核心理念，致力于普及高端科技，成为守护人类健康的核心力量。李西廷表示，将继续以振兴民族医疗工业为己任，以技术创新为精神内核，不断推动产业战略升级，带动国内医疗器械产业与世界一流水平跨越式接轨。

在其看来，迈瑞医疗还将紧抓技术创新和并购整合两条路径，国内外均衡布局，力争在未来成为世界级领先的医疗器械企业。整合公司现有的在全球范围内的科研、技术、管理、销售等优势资源，进一步深

参加安徽省宿州市扶贫捐赠仪式

参加中国科学技术大学教育基金会捐赠仪式

捐赠仪式上，迈瑞医疗董事长李西廷（左二）与宿州市市长杨军（右二）合影

李西廷向砀山县捐赠文旅产业发展资金1000万元

迈瑞捐赠价值526万元的医疗设备，支持新农村医疗建设

迈瑞向希望小学学生捐赠学习用品

化全球市场业务布局。同时，完善并拓展公司在医疗器械行业的纵深布局，以生命信息与支持系列为基石，以体外诊断系列产品为推动力，以医学影像系列产品为拓展，以微创外科等新兴领域为新的增长探索点。公司未来将继续致力于进一步降低医疗成本和提高研发创新能力，在保持公司产品性价比优势的基础上，积极面对国外竞争对手的挑战。

在国内，迈瑞的产品已应用于近11万家医疗机构，服务于99%以上的三甲医院，支持近700家医院通过医院等级评审，其中超过一半为三甲医院。

难能可贵的是，迈瑞的影响力早已辐射全球，这也为其跻身世界级企业奠定了深厚的基础。

经过近20年的国际业务发展，迈瑞的产品远销全球190多个国家和地区，进入大量全球顶尖医院与研究机构的核心科室。在医疗技术门槛最高、技术法规最严格的美国，迈瑞已进入其约三分之二的医院、近万家医疗机构，产品在ICU、麻醉科、急诊科等核心科室得到广泛应用。在全美排名前10的心脏医院中，有9家在使用迈瑞的产品。在英、德、法等欧洲国家的顶尖教学医院中，迈瑞为其核心科室提供高品质的整体解决方案和完善的信息解决方案。凭借独特的创新技术与高度的可靠性，迈瑞赢得了临床专家与管理者的高度认可。迈瑞在“一带一路”沿线 15个国家设立20多个子公司，参与当地医疗机构建设，帮助提升当地的医疗技术水平。

此外，迈瑞在全球19个国家和地区拥有100余个驻地直属服务站点，在多个国家设有7×24小时客户呼叫服务系统。同时，在美国、荷兰、哥伦比亚、印度、印度尼西亚等多个国家设有海外培训中心。迈瑞凭借独有的多项智能诊断应用与产品，正与全球更多顶尖临床专家和医疗机构紧密合作，开创未来诊疗技术变革的新潮流。

中外客户参观展厅

而这一切，都让迈瑞医疗向世界级公司进一步靠拢。

如今，迈瑞医疗早已成为中国医疗器械领域的绝对王者，超过一万人的团队也让李西廷高度重视内部管理，在其看来，“创始人的思想和格局决定公司发展高度，符合国家战略发展方向才利于公司发展。反观内部，处理好公司发展和内部管理的关系同样重要。如果公司管理没有跟上，则发展不宜过快，过快会栽跟头”。他特别强调，管理一万人主要还是靠体制管理、制度管理、团队管理，不是靠哪一个人，但创始人的理念行为是要建立的，更要清晰准确地传达下去。

采访中，李西廷也多次强调不管公司规模大小，都要合法合规经营，为社会创造财富。

迈瑞医疗深圳总部全景

在其看来，这是企业家必须肩负起的责任和使命，也是他在一路前行中越来越坚定的信念。

多年来，迈瑞在全球各地积极联合多个非盈利医疗机构，捐赠医疗设备、提供医疗培训、支持健康义诊，提供跨越国界的医疗援助。在SARS爆发、汶川地震、印度洋海啸、玉树地震、雅安地震等灾害来临时，迈瑞第一时间捐赠新型医疗设备和救灾资金，与受灾民众共度时艰。为支持扶贫和教育事业发展，迈瑞在多地捐建希望小学、图书馆，设立教育基金和奖学金，捐赠扶贫资金，积极为中国教育发展和扶贫事业持续贡献力量。

尽管多年在外创业，但李西廷对故土安徽常怀深情。2009年5月，

迈瑞医疗南京生产制造基地

李西廷向金寨县26所乡镇卫生院捐赠价值526万元的医疗设备，捐资100万元新建金寨县迈瑞渔潭希望小学。2010年10月，砀山中学建校80周年，李西廷作为该校65届校友，向砀山中学捐赠600万元。2016年4月，李西廷向中国科学技术大学捐赠市场价值数百万元的120台自动体外除颤器（AED）。2017年12月，李西廷为宿州市捐赠扶贫资金2000万元，为砀山县捐赠旅游发展基金1000万元。

虽已年过花甲，但李西廷那颗为社会服务、带领企业向前的初心始终不曾变过。

随着《“健康中国2030”规划纲要》的发布和医改政策向纵深发展，我国医疗行业也迎来了一个新的升级阶段，即从“规模”向“价值”的变革。作为中国最大的医疗器械生产企业，公众也期待迈瑞有更大的生存和成长空间。

“如果要用数字来评估迈瑞三年后的增速，我也说不太清楚，但从过去的发展来看，只要把握产品和市场，把握未来中国市场和新兴市场，就足够支持高速发展。最重要的是，只有坚持自主创新，才能让中国医疗器械企业技术水平不断提升、规模不断壮大，让中国的医疗器械不断向中高端延伸，积极地面对国外竞争对手的挑战。”迈瑞医疗即将迎来“而立之年”，李西廷对公司的种种期待和设想都在实干中一一实现。

建筑行业的摸爬滚打让他结出了
厚重坚韧的『硬壳』，
可他心底还保留了最初
为理想狂奔的炙热『原色』。
这是王杰英的选择，
也是那一代企业家共同的坚守。

王杰英

安徽新建控股集团有限公司董事长
安徽省城市基础设施投资商会监事会主席

王杰英
不负时光不负己

文/马园园　摄影/姜朝洋

我国改革开放是一部波澜壮阔的世界史诗，企业家群体是其中不可或缺的推动者，他们以企业家精神为核心励精图治、投身改革，他们“春江水暖鸭先知”，用敏锐的嗅觉和触觉体悟时代的变迁，挤上了那班开往未来的时代列车。

安徽新建控股集团有限公司董事长王杰英正是其中的佼佼者。这位来自皖北农村的实干派企业家自1992年下海，创业之路一走就是20余载，不曾懈怠，不曾彷徨。

仿佛是镌刻进血液中的勤奋和时光的格外眷顾，让他一路向前。

王杰英一手绘就了贯穿勘察、设计、施工等全周期，涵盖市政工程、水利工程、房建工程、公路工程以及工程投资等细分领域的建筑业事业版图，勾勒出安徽新建控股集团有限公司清晰的发展方向。

做水利，他承建的几十项水利工程遍布安徽境内的长江、淮河流域；做BT（即建设—移交项目），他投资的项目累计合同金额高达几十亿元；为民营资本投资PPP项目（即政府和社会资本合作）奔走呼吁，他参与发起的安徽省城市基础设施投资商会在政府和民营建筑企业之间扮演着越来越重要的沟通桥梁作用……

白手起家，前行的每一步都非易事。建筑行业的摸爬滚打让他结出了厚重坚韧的“硬壳”，可他心底还保留了最初为理想狂奔的炙热“原色”。这是他的选择，也是那一代企业家共同的坚守——不管走到何处，都不曾忘却当年为何要出发。

如财经作家吴晓波所言，1992年邓小平南方谈话之后，中国真正进入“发展才是硬道理”、用金钱重估一切价值的世俗狂欢时代，下海经商成为人们的主流生存选择。企业家作为一个社会阶层，开始整体出现。在某种意义上，中国社会主流人群的创业经商运动，是从1992年开始的。

在中国的企业家群体中，“92派”有其特殊的意义。它指的是在1992年邓小平南方谈话的感召下，一大批下海创业的政府机构和科研院所的知识分子。这其中，不乏泰康保险创始人陈东升、万通集团创始人冯仑、复星集团董事长郭广昌等后来闻名大江南北的商业巨擘。相较于改革开放初期的企业家而言，“92派”大多有知识、有能力、有资源，更为难得的是，他们的身上透露着一股实干的执着精神。

尽管鲜以“92派”自居，王杰英却是一名不折不扣的“92派”。从高级工程师到成功企业家，他用实际行动书写自我的辉煌，也为这代人的共同选择加码。

“我们这代人身上都有鲜明的时代特征，也都承载了社会发展赋予我们的使命和要求，带领企业稳健发展只是其中一个结果，更重要的是，企业家这个群体从无到有、由弱变强，我们要将企业这一细胞激活，为社会经济发展贡献更多的能量。”尽管已到达常人难以企及的成功彼岸，王杰英却从未停滞脚步，他对自己要走的每一步都清晰而坚定。

学霸的春天

精力充沛、思维敏捷、思路清晰、富有激情……即使是第一次与王杰英见面，你也能在最短的时间里被他的热忱、健谈与大笑深深打动。他鲜少掩饰自己的情绪，他的每一句话、每一个动作、每一个表情都真诚地向你袭来，瞬间拉近彼此的距离。

毕业于合肥工业大学地球物理勘探专业的王杰英是个不折不扣的学霸，如今，他依旧保持了学霸的本能——他的办公桌不算整洁甚至有些凌乱，桌上地下几乎被各类文件、图纸、材料挤满，他的大脑仿佛像电脑般自动对这些进行分区，待处理、已处理，及时下发、还需考虑……办公区域仿佛布满了一张密致网络，只有他看得到、看得懂。早起办公、深夜加班，他很享受工作带给自己的快感，20多年来，繁忙紧凑的工作节奏从未将他打垮，反而让他越战越勇。

对于这个经历过1978年高考的男人而言，延续而来的勤奋更像是一种本能，也正是在这种本能的支配下，淬炼出了如今的王杰英。

1978年中国迎来了改革开放，对王杰英来说，这一年还有着另外一层纪念意义，经历了高考的他如“鲤鱼跳龙门”般完成了人生的嬗变。

1978年，王杰英第一次有机会把握并改变自己的命运。和他一样，这一年有近610万人走进高考考场，资料显示，只有40.2万人被录取，激烈的竞争也让更多人才脱颖而出。

那段求学经历也让王杰英倍感珍惜。1973年王杰英高中毕业，彼时在阜阳市插花中学他就是各科的年级第一名，且尤其热爱数学和物理。

“那时候要准备参加学科竞赛，老师都给我开‘小灶’单独补习；老师忙的时候，我还充当过小老师的角色，给同学们上课，好像就没有比学习更简单和轻松的事儿了。”热爱让学习变得很简单，可是对于一个农家子弟而言，没有高考这个进阶的门路，他只能回到田地里，与庄稼为伍。他的所学所知在这片领域里的发挥是极其有限的。

恢复高考的消息让王杰英心头一震，五年的务农生活并没有打消他对于继续求学的渴望，反而对未来无限可能的那种期待，让他血脉贲张、心潮澎湃。

拿到准考证后，他足足兴奋了两天没有睡觉，虽然只有短短一个多月的复习时间，但是凭借良好的基础，他依然考上了知名学府——合肥工业大学，同年他的弟弟也考上了中专，这样的成绩一时在当地传为佳话。

聊起求学时代的青葱时光，王杰英滔滔不绝，“那是一个压抑又充满各种可能、物质匮乏却又精神丰富的年代”“我们求知若渴，珍惜学习的机会，大学四年，我很少出过校门，学习是我们这代人的追求”“正是在大学，我深刻地体会到‘科学技术是真正的社会和经济发展的动力’”……教室、图书馆、宿舍、食堂，生活看起来有些单调，但是王杰英并不觉得疲乏，知识的积淀是最好的盔甲，也是未来傍身的利器，他从来都知道自己要的是什么。

王杰英率直豪爽，他重情重义，身上有一种掩盖不住的北方人的豪气，这一点也让他当仁不让地成为大学同学聚会的“贡献者”。毕业30多年，但凡有外地同学前来合肥，他总是会“召集”留在合肥的18位同学共同聚餐。同学们举行毕业20周年、25周年、30周年、35周年纪念活动，他也总是慷慨解囊，贡献一部分活动经费。

如果说，大学四年的学习为王杰英后来的商场纵横奠定了坚实的专业基础，那么，随后的工作经历便培养了他严谨、负责的做事态度。

大学毕业后，他被分配至安徽省地矿局某地质勘查队，负责勘查安徽省霍邱县的铁矿资源，“我的工作就是运用物理探测的手段确定矿床的位置、走向和产状，根据野外数据，我在地图上画一个圈，就标明这是一个‘地磁异常’，钻探队伍就会据此进行钻探，如果没有严谨、负责的态度，一旦出错，损失是巨大的”。

他向记者分享了一个小故事：某一天，他在记录一项数据时，误将“189”写成了“185”，“当时，用的是铅笔，完全可以用橡皮把数字擦掉重新记录，但规定的程序是对写错的数字进行勾画，保留原记录痕迹。我选择了后者”。

王杰英直言，“那段工作经历，让我受益匪浅，对我治理企业、管理团队都产生了积极的影响”。

以新建集团承接几十处的水利工程项目来说，没有一处出现过质量问题，“在安徽，各地市的水利系统都对我们有着较高的评价，说我们质量可靠，品质过硬”。他说，“建筑是民生工程，也是良心工程，严谨、负责不过是我们的‘底线’”。

“弄潮”时代

近十年安徽省地矿系统的工作经历，让王杰英迅速成长为业务骨干、高级工程师，倘若这样工作下去，他会过上幸福而平淡的生活。然而人的一生总有一些“突如其来”，1992年底，邓小平南方谈话的“春风”

陪同安徽省人民政府副省长、省工商联主席王翠凤参观

在安徽省城市基础设施投资商会成立大会上发言

吹遍神州大地，冥冥中他的人生航向也发生了偏转。

彼时，王杰英所在的安徽省地矿局积极鼓励机关人员、科技人员“下海”经商。那一年，已经晋升高级工程师职称的他面临着两难的选择——离开，还是留下？

几经思考，王杰英选择了前者。

这一选择不仅是出于承担家庭重担的考虑，更是梦想使然，“我们这一代人，心中总有一股出去闯荡的渴望，人的一生总要有一些值得奋不顾身的经历”，回顾峥嵘岁月，他难掩激动回忆道，“那就是一种不安的悸动”。

也正是这一选择，让王杰英成为纵横中国商界的“92派”中的一员，时也势也，身处在这样一个大时代中，每个人都被裹挟其中奔涌向前。

1994年底，王杰英注册了公司，专门从事地基基础工程。要知道，这一看似基础的业务有着很高的难度：桩需要打多深、基坑如何防止地下水渗漏、基坑周边如何防止地面沉降……好在，这些都是他的老本行，驾轻就熟。

不过，过硬的专业技术并没有让他的创业之路一片坦途。他苦笑道：“当时，供需信息不通畅，我只能每天拎着个皮包去相关单位跑业务，是真正的‘皮包公司’。”三年后，国家经济形势好转，公司接到的项目随之多了一些，“每年的业务量也不过千万级”。

四年蛰伏，直到1998年新建集团终于迎来了成立以来第一个高速发展的十年。彼时，国家加大了对水利工程的重视程度，财政部发行的1000亿元规模国债中有不少投向了水利工程。

王杰英瞅准时机，深耕细作。2000年至2004年间，新建集团拿下了长江和淮河沿岸的24处水利工程标的，合同累计金额近亿元。这一金额

主持2018安徽省城市基础设施投资项目融资创新研讨会

在今天看来并不算什么，在当年却是实为罕见。借此，新建集团也力压众企，坐稳了民企在安徽水利工程施工领域的头把交椅。

那几年，王杰英和团队几乎跑遍了整个安徽，那时候个人电脑远没有现在这么普及，投标预算书需要计算大量的数据，七八个人人手一摞预算表，通宵熬夜早已是惯例，一个数值的变化往往会让所有人几天的心血化为泡影。王杰英心里明白：公司业务刚刚有一些起色，远不是松懈的时候，眼下再多的困难也远比创业之初要容易得多，所以坚持坚持还是坚持。

“勤能补拙，这是我多年学习得来的经验，创业之初比别人多用些功，多付出一些总是没错的。”如今，王杰英总结出的新建集团在第一个十年发展中的最大收获，就是锻炼了队伍、扩大了影响、增添了信心。

进入2008年，积累了资金、团队、技术的新建集团把目光锁定在了BT模式上，这是一种“由施工企业先投资建设，政府再分期回购支付工程款”的模式。从某种意义上看，这已经不是单纯的工程施工，而是一种工程投资行为。

那一年，合肥市高新区大别山路招标，这是合肥市政工程领域的一个BT项目，半年的施工期加上三年的资金回笼周期。当时，BT模式尚属于新生事物，这一模式是否存在“暗坑”？政府支付资金是否会出现延期？做，还是不做？

最终，勇于尝试、坚定信任政府的王杰英选择“出手”，合同金额约1亿元的工程为他带来了相当可观的利润，也为他打开了一片新的天地。

至今，他还记得凤阳政务新区路网BT工程项目。

“那是一片占地4.5平方公里的农田，通过我们的投资建设，变成了拥有道路、排水、交通、照明等基础设施的城市新区。”王杰英说道，“当地的基础设施建设向来落后，但这个项目做完之后，滁州市的领导甚至在当地召开了全市范围的现场观摩会”，此后，更是不断有省内及县市的工程人员前往凤阳“取经”。

新建集团的品牌就这样打开了。

接下来的日子里，新建集团分布在全椒、凤阳、马鞍山、利辛、郎溪、六安、萧县、叶集等地的BT项目纷纷上马。迄今为止，企业中标的BT项目总金额高达几十亿元，位列安徽全省同类企业第一。

两个十年的高速发展、两项业务的省内第一，让新建集团从“无名

在工程开工仪式上发言

在全柴动力集团参观欧波管业生产线

之辈”跻身安徽建筑行业的第一方阵，也让王杰英收获了纵横商场的高光时刻。

开启新征程

有业内同行曾如是评价王杰英：他是一个善于思考的企业家，脚踏实地但并不一味地埋头苦干。他时常“跳”出一时一地一事，甚至“跳”出建筑行业的局限，站在更为广阔或者旁观者的视角去分析问题，找出症结，提出解决方案。

诚然，就拿王杰英近来颇为上心的PPP项目来说，他对待这一模式的看法和做法便是对上述评价的有力印证。PPP项目即政府和社会资本合作，是公共基础设施中的一种项目运作模式。在该模式下，鼓励私营企业、民营资本与政府进行合作，参与公共基础设施的建设。

2018年初，国家财政部发文公布了第四批PPP示范项目名单，共涉及项目396个、投资金额7588亿元。这一堪称天量的金额不过是市场规模的冰山一角。相关统计数据显示，截至2017年三季度末，国内累计入库的PPP项目金额达到17.8万亿元，落地项目金额突破4万亿元大关。

作为“统筹社会闲置资金，解决政府资金缺口”的PPP模式自2015年风靡国内以来，成效显著，促成了一大批经典项目的落地。但对此，业内也存在不同的声音，原因有二：一是项目实际落地的比例较低，有“雷声大雨点小”之嫌；二是大多数PPP项目在选择社会资本的过程中，国企占据了绝对优势。上述统计口径数据显示，2015年8月至今，民企参与PPP项目的市场份额均值在25%左右，峰值也刚刚突破30%。这一点，让大多数民企望洋兴叹，甚至主动放弃了对PPP项目的关注。

王杰英却不这么想。

“民企中标概率低不是无缘无故的，PPP项目有着投资金额高、投资周期长的特性，动辄数亿元、数十亿元的资金投入，以及至少10年以上的回报期不是一般民企能够承担的。”

在他看来，破解之道，唯有壮大自己、抱团发展。近两年来，他正以自身实践推动着安徽民企在PPP项目领域的探索。

借助新建集团在BT领域打下的基础，投标在省内具有影响力的PPP项目，彰显民企参与其中的决心和实力，目前新建集团正在施工滁（州）来（安）全（椒）快速通道和灵璧县公安局驾考中心两个项目，这两个项目均为2年建设期加10年运营期。

“判断一种模式是否值得去做，要看两个方面，一是这种模式有没有未来，二是企业有没有机会参与其中。”

在王杰英的认知中，PPP模式大有可为，“它或将成为未来一段时期内政府项目的主流操作模式”，中国的城镇化建设将长期维持高位运行，政府难免存在建设资金短缺的难题，“由社会资本先行建设，政府通过授予收费权等特许经营方式予以回报的PPP模式是解决资金短缺的有效手段，对社会资本而言，这也是优质的资金‘出口’，可谓是双赢”。

从这一点来看，PPP模式的未来值得期待。

从民企参与度来看，尽管当前比例较低，但随着2017年国务院办公厅发布的《关于进一步激发民间有效投资活力促进经济持续健康发展的指导意见》和国家发改委发布的《关于鼓励民间资本参与政府和社会资本合作（PPP）项目的指导意见》的推行，民企在PPP项目中的地位势必有所提升。

“从PPP项目的本质来看，民企的深度渗透也是应有之义。因为

PPP项目的题眼是调集社会闲置资金，但所谓国企的资金说到底还是政府的。国企过多地参与，PPP项目的价值就会大打折扣。”基于此，王杰英判断，民企参与PPP项目不仅是有机会的，更是必然的，“保守估计，安徽仅城市基础设施领域的PPP项目每年都至少在数百亿元，你说我们有没有机会？”

不管是早期的BT项目还是现在的PPP项目，喝彩者和观望者众，践行者少，可是不管什么时候，王杰英都是其中的先行者和探路者，虽然骨子里是个相对保守稳妥的人，但是可以预见的广阔未来依然驱动王杰英作出参与其中的决策。对于保守派王杰英来说，这也许不是个轻松的选择，但对于企业家王杰英而言，这就是个稍纵即逝的机会，只要是对企业发展有利的，在风险可控的前提下他会勇于尝试，因为先机比结果更重要。

“三个坚持”

“出道”时间早、行业地位高，加之为人处世平和，不少“晚辈”来向王杰英“取经”：在竞争激烈的建筑行业内，新建集团是如何实现任凭风浪起却仍稳如泰山的？又是如何长期立于不败之地的呢？这时候，出身皖北的他往往会摆一摆手，笑称“谈不上经验”。

实际上，熟悉情况的人都知道，新建集团有一条“三个坚持”的铁律。20多年来，企业始终秉持、践行这一铁律。现在，“三个坚持”俨然成为了新建集团和王杰英的一种信念。

第一个“坚持”是坚持只做政府投资的施工总承包项目。

纵览新建集团在市政、水利、建筑、公路等领域的中标项目，不难发现，所有项目都是政府或者相关职能部门发包的。

“‘偏好’政府项目，是因为我们充分相信政府的履约能力。企业千辛万苦地做项目、做工程，为的就是能够获取一定的利润。相比其他投资主体，政府的公信力更强。即便一时周转资金不到位，政府也绝不会‘赖账’。”王杰英直言有些建筑企业疯狂地承接房地产开发项目，结果呢，地产商资金链断裂跑路，建筑企业的资金也无法回笼，最终被拖垮，这种例子太多了。

第二个“坚持”是坚持自营为主带队伍。

在王杰英的认知中，建筑施工行业最核心的要素是对项目的掌握和项目的利润，“项目只有是自家企业管理、施工的，利润才能最大化，风险才能最小化”。

为此，新建集团储备了大量的人才队伍，拥有数百名管理人员，80多名一、二级建造师，与近30个劳务公司紧密合作。同时，建造了两个大型沥青拌和站，多个混凝土拌和站、水稳拌和站及配套设备，这些都为企业各类工程施工奠定了坚实的基础。

“确实，这样坚持带队伍施工是很累的，企业负担也是很重的。一旦项目接济不上，就会出现很高的人工成本”，但王杰英认为，这是值得的。

施工队伍坚持自营的同时，王杰英对工程投资中自有资金的比例也有着较高的要求。他的“红线”是50%的自有资金。但在行业内，一些企业往往在自有资金比例不足20%的情况下就敢投资项目，“这太疯狂了，资金链断裂的风险太高了”。有时候，企业的产能和资金跟不上，他索性选择放弃项目。

“‘慢’就是‘快’。”看惯了行业的起起伏伏，王杰英始终把对资金链的把控放到了最重要的位置，对于这位掌舵企业航行方向的“老船长”而言，安全远胜于一切。

第三个“坚持”是加强团队和人才建设，让员工真正分享到企业发展的红利。

在新建集团，任何员工都可以购置机械设备租借给公司用于项目。公司更是明文规定，各项目都必须优先使用公司员工的机械，机械租赁费用按市场标准计价，项目结束，员工的机械租赁费一次性结清。对于部分想购置机械但资金有缺口的员工，公司甚至会出借一部分资金。

王杰英有个“朴素”的观念：企业的宗旨就是做强企业、致富员工、服务社会，鼓励员工购置机械租借给公司使用可以使员工直接享受到公司发展的成果，使员工的收入与公司的发展同步，以此来调动员工的工作积极性，增加了企业的凝聚力、向心力。

在建筑行业内经常能听到这样一个评价：新建集团有一种强大的无形凝聚力。王杰英深知，这种凝聚力就是来自于员工的经济基础："员工有房、有车、有钱，能没凝聚力吗？能不跟着企业干吗？"

与时代同行

不得不说，王杰英的身上展示着一种感恩过往、做好当下的成熟的人格魅力。展望未来，他有着清晰的规划，那就是"着力推动水利工程业务在全国大部分省份布局、聚焦推动PPP项目、EPC项目（即工程总承包）的落地"。

他的愿景并非纸上谈兵。

从行业层面来看，中国的城镇化建设空间巨大，交通、商业、住宅都离不开建筑行业的支撑。而近两年的行业转型升级和洗牌，也淘汰了一批中小企业，提升了行业门槛，一定程度上产生了两极分化，优势企业更具优势，弱势企业愈加弱势。从新建集团自身的发展来看，企业经过近30年的成长，已经步入了良性发展轨道，具备了较强的抗风险能力。

即便如此，王杰英并没有一丝一毫的松懈，他明白，挑战与机遇向来是共存的。

在他的规划中，新建集团首要的工作是人才引进。"企业的发展关键是人才，要建成一流的企业必须要用一流的人才。新建集团已经站在了一个高度上，引进高端人才带领企业走向新的高度是当务之急。我们

还要筹建一支顾问团队，这支团队可以不为我所有，但要为我所用，成员必须是公共关系、资本市场、行业管理等各领域的‘大咖’。”

其次，新建集团要不断完善资质。在坐拥市政、水利水电、房屋建筑总承包一级资质的基础上，王杰英还准备完成特级资质申报，并筹建甲级设计院，把新建集团打造成为一家集勘察、设计、施工、造价于一体的工程总承包企业，为客户提供“一条龙”服务。

最后，借助资本市场的力量，提升品牌影响力、完善企业治理、扩充融资渠道，“目前，我们正在与证券公司对接，尽快进入‘辅导期’”。

三招齐发，环环相扣。王杰英正率领新建集团开启一段新的征程，在这段新旅程中，王杰英和新建集团也将焕发新的光芒。

如果说带领企业进入新的领域、不断向上攀登是一名合格“掌舵者”的必备技能，那么在自身事业之外，参与更广阔的社会事务并依靠自身影响力为行业、为社会作出一份贡献，更是对企业家的一种高层级的要求和期待。

相较于改革开放初期的企业家而言，“92派”大多有知识、有能力、有资源，他们坚守实干兴邦的理念，更乐于参与社会公共事务。针对民企综合实力相对较弱的弊端，王杰英在2017年3月联合另外7家单位共同发起成立了安徽省城市基础设施投资商会并担任监事会主席。

用他的话说，“这一商会就是为了做PPP项目而成立的，其中囊括了勘察、设计、施工、造价等建筑领域企业，也包括金融、法律、咨询等机构”。他认为，商会能够让成员企业互通有无、合力共赢。同时，商会也能在民企和政府之间搭建一座沟通的桥梁，增加民企在PPP模式发展过程中的话语权。目前，商会的会员单位已经发展至127家。

在王杰英看来，当前建筑业出现了非常多的问题，原材料价格不断上涨，调价机制并不灵活；低价中标让企业利润薄如刀片，各类工程质量问题层出不穷；各类税费高企，融资渠道不畅，企业生存举步维艰……组建商会正是为了让单个企业有组织可以依靠，如今商会也在利用各种资源找寻渠道，将企业发展中遇到的问题合理地反映给政府，希望得到政府的重视和解决。

为了商会的事，王杰英没少花心思，他的初衷也很简单，就是希望能为这个行业做点实事。一荣俱荣，一损俱损，大家都希望行业可以在健康的土壤中存活下去。

“民营企业发展不易，要想走得稳健需要方方面面的支持。”从

2017年中共中央、国务院发布《关于营造企业家健康成长环境 弘扬优秀企业家精神 更好发挥企业家作用的意见》，首次发文明确要求弘扬企业家精神，肯定企业家精神的地位和价值，到2018年习近平总书记强调“毫不动摇地发展公有制经济，毫不动摇地鼓励、支持、引导、保护民营经济发展”，王杰英看到了国家对企业家群体和民营经济发展的重视和引导。

我国改革开放40年，企业家是其中重要的推动者和参与者，民营企业也为国家的发展和建设贡献了应有之力。“改革开放40多年，企业家这个群体从无到有、由弱变强，离不开国家政策的扶持，也离不开自我奋斗和脚踏实地。我们要将企业这一细胞激活，为社会经济发展贡献更多的能量。”

王杰英欣赏曹德旺、董明珠这样坚守实业的企业家，在他们身上，充分体现了潜心实体经济发展，勇于探索、敢于担责的精神，这也是这个时代对企业家的要求。他认为，一名优秀的企业家一定是有理想、有信念、有抱负，能够肩负起责任，更能怀揣家国情怀，与时代同行的人。

“一个人的一生应该是这样度过的：当他回首往事的时候，他不会因为虚度年华而悔恨，也不会因为碌碌无为而羞耻；这样，在临死的时候，他就能够说：我的整个生命和全部精力，都已经献给世界上最壮丽的事业——为人类的解放而斗争。”这段出自《钢铁是怎样炼成的》中的主人公保尔·柯察金的独白成为一个时代奋斗者的宣言，王杰英也愿以此勉励自己，不荒废岁月、不辜负期待、不浪费机遇，真正用实际行动书写奋斗的真意。

『祸兮福所倚，福兮祸所伏。』

两千多年前，
道家学说创始人老子用这句话阐述
『福』与『祸』相互依存、互相转化的关系。
而这种因果关系，在当下的商业环境，
特别是在政策性导向的医药行业内，
体现得尤为明显。

王志邦

安徽贝克联合制药有限公司董事长
第五届徽商奥斯卡“十大徽商领袖”

王志邦
这是药企最好的时代

文/陈　浩　摄影/姜朝洋

正如联想集团创始人柳传志所言，企业家的个人命运永远和他所处的时代紧密相连，王志邦亦是如此。

他是一个被打上了时代烙印的企业家。他出生的安徽省太和县，这里是我国著名的医药集散中心。这里走出了华源医药、彼迪药业等医药领域的一批领军企业，更为中国的医药市场培养了一批又一批领军人物，而王志邦无疑是其中的佼佼者。

身为太和药商，他义无反顾地扛起了这一知名商帮的大旗，沿袭诸多前辈走过的道路，从医药贸易起家，溯源而上，发力医药研发和制造；身为民族企业家，面对国际医药巨头肆意横行国内市场的窘境，他勇于拿起法律武器，向现有体系和市场规则发起挑战，最终，冲出藩篱……

创业至今短短十余年时间，他麾下的贝克药业走出太和、立足合肥，从一家原料药厂转型为享誉业内的制剂生产商，并成为安徽省首家通过世界卫生组织PQ认证的制药企业……

不过，与企业业绩稳步增长、影响力大幅提升相比，国家对医药产业的重视以及对企业家群体的推崇更让王志邦感到振奋。

2017年10月18日，中共中央总书记习近平在党的十九大报告中明确提出“深化医药卫生体制改革”；而就在党的十九大召开前不久的9月25日，中共中央、国务院出台文件，要求“弘扬优秀企业家精神”。在双重“红利”之下，他直言“药企迎来了最好的时代”。

站在时代的浪潮之上，王志邦时常深思作为一家药企，贝克药业在“深化医药卫生体制改革”这一历史进程中究竟应当扮演怎样的角色。

“用创新驱动企业发展，研制出更多质量可控、安全有效，且让老百姓能吃得起的药品”，这是王志邦心中的答案，“药企只有把创新摆在第一位才能实现长久发展，也才能助推行业的前行”。在他的规划中，在创新战略的驱动下，2024年贝克药业将实现销售额突破百亿元、市值突破百亿元的“双百”目标。

在业内同行看来，王志邦的这一目标并非天方夜谭。

一方面，贝克药业产品线逐步完善，在抗艾滋病、抗乙肝药物研制实力位居业内前列的基础上，企业已经向结核、肿瘤等业内公认的“健康杀手”吹响“集结号”；另一方面，企业正发力资本市场，稳步推进上市工作。借助资本的杠杆效应，贝克药业将步入发展的快车道。

两年抵上二十年

“2016年以来，国内药品注册制度改革力度不断加大，可以说，这两年的改革成效超过了以往20年的总和。”

晚秋的合肥，寒意逼人，刺骨的寒风裹挟着枯黄的落叶，呈现出一派萧瑟的景象。与之形成鲜明对比的是，合肥市高新区的贝克药业厂区内却是热火朝天。制剂车间内一盒盒成品药物制剂被整齐地码放在托盘上，研发中心实验室内的讨论声此起彼伏，办公楼内员工行色匆匆，各项工作稳步推进，处处彰显着勃勃生机。

时隔一年再次见到王志邦，比约定的时间推迟了5分钟，他直呼“抱歉”，并解释道，“下午要开董事会，昨晚忙着写报告，熬了夜。”

王志邦直爽的性格和快言快语的风格，在安徽甚至全国的医药圈内是出了名的。出生于皖北的他，对于行业积弊向来是一针见血。当然，面对行业的变革，他也从来不吝溢美之词。

“提速、务实、求真”，这六个字是他对近两年国内医药产业发展态势的注解。不得不说，在有限的接触时间内，王志邦给人留下了条理清晰、观点鲜明的印象。交流过程中，他习惯使用“第一、第二、第三”来表达自己的观点，并运用数据加以支撑。

恰如王志邦所言，近两年来，随着一系列行业政策的出台，国内医药产业格局发生了翻天覆地的变化，一批制药企业正迎来前所未有的行业“春天”。

最大的利好消息便是药品上市周期大大缩短。

众所周知，新药上市周期长是我国医药产业存在的弊病。由于制度设计，一些新特药在国内上市的时间平均要比欧美国家晚5至7年。

相关统计数据显示，2001年至2016年期间，发达国家批准上市的创新新药共有433种，而同一时期，国内上市的创新新药仅有100多种。

随着国家层面简政放权的进一步推进，近两年，我国药品注册环节中部分繁杂的行政审批程序被“砍”掉，这无疑使新药上市步伐提速。

以仿制药为例，过去仿制药的上市周期大多在5年以上，现在则只需要3年甚至两年半时间。

国家食品药品监督管理总局公布的一组数据也表明药品申报的“堰塞湖”正在疏通。2015年底，积压在食药监总局的药品注册申请数量为22000件，而到了2016年底，这一数字急剧下降至8863件。

在药品审批提速的同时，国内医药产业也正日趋“务实”。

2017年6月，国家食品药品监督管理总局正式加入ICH（即国际人用药品注册技术协调会）。在王志邦看来，此举打通了国内药企与欧美等发达国家药企之间的数据共享通道。

在此之前，欧美药企研制的创新药想要登陆国内市场绝非易事。新药在国外实验室历时5年左右时间完成“三期临床”后，还要耗费几乎同等的时间在中国再做一遍“三期临床”，原因就是国内监管部门对国外的实验数据“不认可”。

也正是囿于这种“不认可”，国外药企进入国内市场的各项成本大幅提升，并最终转嫁到患者身上；而更令国内患者无奈的是，他们无法在第一时间使用国外药企研制的创新药。

数据互认后，在国外做过“三期临床”的药品仅需在国内进行一项生物等效性试验即可获批上市，所需时间不超过半年。

这在很大程度上降低了新药在中国境内上市的成本。

除了提速、务实之外，近两年，更让王志邦感到心里有底的是，监管部门转变思路，从药品源头出发，严把质量关。

以往国内的药品在申报过程中，药企既可以将制剂与原料药联合申报，也可以单独申报制剂或原料药，但新政则明确要求两者必须“捆绑”在一起申报。

在制药领域，原料药指的是生产各类成品制剂所需的原料，是药品质量和疗效的基础。不过，我国医药行业普遍存在重制剂轻原料的观

安徽贝克联合制药有限公司外景

念。国内数千家制药企业中仅有20%是从做原料药起家的，大多数药企并不涉足原料药，而是直接从原料药厂购买原料，按照原研药品配方进行仿制药生产。

要求“捆绑”的同时，监管部门更是明确提出：实行药品与药用原辅料和包装材料关联审批，不再发放原料药批准文号。

“只有从原料药把关，才能保证药品的质量可控和安全有效，就像做馒头一样，想要做出好的馒头，必须要有好的小麦品种和面粉”，喜好面食的王志邦打趣道，这一举措的积极效应也正在显现，“过去是原料药厂围着制剂厂转，用低价换取市场份额，现在是制剂厂跟在原料药厂

身后，因为申报环节需要原料药厂的全方位配合”。

基于此，原料药厂的行业地位迅速提升，不再是“召之即来、挥之即去”的“配角”。在这样的行业环境下，国内一批大型药企正“蠢蠢欲动”，谋划收购或联合原料药厂。

在王志邦看来，经过两年多强有力的改革，国内医药产业呈现出“投资趋于理性，研发试验求真务实”的良性发展态势。国内药品注册难、注册慢，老百姓难以在第一时间用上新药、好药的“痼疾”正在改善。

用辩证思维挖掘商机

“祸兮福所倚，福兮祸所伏。”

两千多年前，道家学说创始人老子用这句话阐述“福”与“祸”相互依存、互相转化的关系。而这种因果关系，在当下的商业环境，特别是在政策性导向的医药行业内，体现得尤为明显。

聚焦近两年我国医药行业暴风骤雨般的变革，纵然原因是多方面的，但在很大程度上与2016年初国务院的一纸文件密不可分。

2016年2月6日，国务院办公厅印发《关于开展仿制药质量和疗效一致性评价的意见》，并在后续一段时间内出台了一系列配套方案。以此为肇端，我国药品监管部门拉开了有史以来最大一轮仿制药改革的大幕。

长久以来，生产仿制药是国内制药企业的主营业务。统计数据显示：目前，我国共有4700多家制药企业，其中大多数正处于从仿制为主到仿创结合的发展阶段，仿制药比例达到96%。

在我国医药产业的语境中，所谓仿制药，指的是与原研药具有相同的活性成分、剂型、给药途径和治疗作用的药品，但从临床疗效来看，国内药企生产的仿制药品疗效还是无法与原研药媲美，这也是两者之间终端售价悬殊的原因。

根据《关于开展仿制药质量和疗效一致性评价的意见》的要求，国内的仿制药品要与原研药品疗效一致。具体说来，就是“要求杂质谱一致、稳定性一致、体内外溶出等所有指标和原研药一致”，这无疑击中了国内大多数药企“质量可控”的要害。

举例来说，以往的仿制药只需要有效成分占比与原研药相同即可，比如有效成分在99%以上，而现在，则需要对剩下1%杂质的成分进行分析。这样一来，成本大幅攀升不说，对药企生产流程的管控能力也提出了更高的要求。

更为药企忌惮的是，监管部门对“一致性评价”设置了一个时间节点，如果一个产品的一致性评价达到3家，同种没有通过的企业则不能参与投标和销售，无异于“自杀”。

这还不算完，监管部门一改仿制药照单全批的一贯做法，对待同一种药品，只要有三家药企通过一致性评价，就不再鼓励第四家申报，以节约社会资源。入围名单按照完成药物一致性评价工作的先后顺序确定。

“一致性评价”方案一出，医药行业内哀鸿一片。

要知道，“一致性评价”不仅会拉长药品上市所需的时间，还将导致临床试验成本从过去的几十万元飙升至现在的近千万元，而不少药品一年的销售利润也不过百万元，相当于十年的利润才能勉强支付“一致性评价”的费用。

更让药企老板们不能接受的是，每种药品绑定原料药只鼓励三家生产的规定意味着国内大多数药品和制药企业将面临“离场”的尴尬境地。不少从业者怨声载道，甚至有人认为此举将“大大压缩国内制药企业的发展空间，为国际巨头的原研药品‘盘踞’中国市场提供‘便利’”。

新政背景下，贝克药业亦不可避免地受到影响，旗下产品至少要耗费近亿元来做“一致性评价”。

不过，王志邦并不在意。他没有像一些药企老板那样埋怨监管部门，而是在第一时间按照政策要求，积极对贝克药业旗下的产品开展一致性评价工作。2018年11月，贝克药业抗乙肝药物恩替卡韦分散片顺利通过一致性评价，实现安徽省仿制药一致性评价“零”的突破。目前，安徽3个通过一致性评价的产品都在贝克。2019年还会有8个品种，11个规格产品通过一致性评价。这正是王志邦紧跟药品政策导向，布局研发工作的结果。

一方面是他对产品通过审评审批充满信心，另一方面是他对政策独到的见解——“一致性评价”工作固然会在短时间对国内制药企业造成冲击，但从长远角度来看，是行业提升整体水平、转型升级、去除过剩产能、实践供给侧改革的必经之路，“颇有壮士断腕的意味”。

他进一步解释道，尽管仿制药品与原研药品采用一样的原材料，但由于杂质含量、辅料和生物利用度上可能存在细微差别，药物副作用、临床上的安全性和有效性自然就会不同，只有进行药物一致性研究，才能保证药品质量，保障用药的安全有效和老百姓持续有好药吃。

“确保疗效的同时，从医药产业发展层面来说，‘一致性评价’也能有效打击国内医药市场低价无序竞争的不良之风。”

对于行业积弊，王志邦从不讳言。

“一致性评价”意见出台之前，监管部门并不控制同类药物生产厂家的数量，这种做法看似是高度的市场化，但带来的结果是国外原研药品专利保护期结束后，国内药企便一窝蜂地进行仿制，众企争食之下势必产生滥竽充数的南郭先生，而激烈的同业竞争又不可避免地带来相互压价的弊端。利润空间的急剧萎缩，也导致了类似毒胶囊事件的接连发生。

王志邦以维生素C为例。2008年，国内维生素C进入行业高速发展期，其出口价格最高的时候每公斤高达140元左右，但随后由于药企扎堆上马、扩产维生素C项目，其出口价格一落千丈，2011年末甚至每公斤不足20元，占到全球维生素C市场份额90%的国内药企竟然丧失了对产品的定价权，“这难道不是一种悲哀？”

“在欧美国家，监管部门对新批药品有着近乎苛刻的要求，例如FDA（即美国食品药品监督管理局）规定，新药如果不能在临床上证明其疗效优于既有同种药物先批产的同类药物，那么将不予发放批号。”

王志邦认为，“限批”规定提高了企业的投机成本，制药企业不敢贸然地仿制、研发同类产品，“发达国家往往是一种药品只有一家或两家大型药企生产，国内也只有效仿这种模式，才能改变制药企业多而分散、净利润水平低的现状”。

突出重围

王志邦出生的阜阳市太和县，是中国著名的药品集散地，是安徽省医药产业基地。2002年，已经在医药贸易领域深耕了近20年的王志邦选择“下海”，沿袭诸多太和药商的老路，由医贸转战上游制药领域，在太和县创立贝克药业。

当被问及“出走”华源医药的原因，他并没有回避，一方面，是因为体制内的收入瓶颈；另一方面，则是一名制药领域专家鼓动他“单干”的一席话点燃了他蠢蠢欲动的内心。已经积累了一定的行业人脉和资金，是时候去做一些更有意义的事情了。

尽管有心改变我国制药领域缺乏原研药品的现状，但创立之初的贝克药业也是从仿制药起家的。

2002年，离开华源医药的王志邦把创业的第一个目标锁定在了世界首个乙肝抗病毒化药拉米夫定上。彼时，中国乙肝患者数量庞大,市场前景广阔。

按照王志邦的计划，贝克药业将仿制由国际制药巨头研发的抗乙肝药物拉米夫定，该药的国内行政保护期限为2006年，这意味着2006年之后，国内药企便能向监管部门申请该药品的生产批号了。

“当时，就是冲着这个药去的，2002年开始攻关，到2006年差不多

可以成功。”这期间，贝克药业则紧锣密鼓地进行原料药的研制，“原料药研制出来后，制剂可以说是手到擒来”。

最初，一切顺风顺水。在国内顶尖专家团队的助阵下，该药物的核心原料药很快便研制成功。

“原料药的销售为贝克药业赚取了第一桶金”，回忆起2003年底那次参加欧洲原料药展会时的场景，王志邦依然难掩激动。

展会上，一家巴西药商看上了贝克药业的原料药，王志邦琢磨了半天报出了每公斤480美元的价格，“当时价格不敢报得太高，480美元已经是赚一倍多的价格了，我们的成本在200美元左右”，谁承想，对方压根没有还价，还直接跟王志邦回厂验货，前后仅用了不到半个月，办事效

率向来低下的巴西人最终敲定了订单。最终，90万美元的订单，让贝克药业净赚了50多万美元。

事后，王志邦才了解到，国际市场上该原料药的定价在每公斤1200美元。他形容道，“当时，双方都有些窃喜，我们喜的是不但很快找到了买家还赚到了一大笔钱，而对方更是为节省了一半的采购费用而偷着乐”。

没过多久，另一个意想不到的消息让王志邦喜出望外。

在研发拉米夫定原料药之初，王志邦只知道它是抗乙肝药物的原料药，但实际上，这种原料药还是抗艾滋病鸡尾酒疗法三种药中的骨干药，抗艾滋病药物的“大门”正向王志邦打开，他下定决心，向鸡尾酒疗法的另外两种原料药发起冲击，不久也取得了成功。在王志邦的带领下，贝克成为国内首家仿制了齐多拉米双夫定片的制药公司，并一直保持国内独家销售。相比于国外垄断药的价格，每年此品种药就为国家节约近10亿元财政费用。

拥有抗乙肝和抗艾滋病两种制剂原料药的贝克药业迎来了发展的高峰期，销售额更是一路高歌猛进，到2007年其年销售额已达到2亿元。

而此时，王志邦也遇到了创业途中的第一次抉择，是继续生产原料药和医药中间体，还是打通产业链研发成品制剂？

他的耳边传来了不同的意见。有人说：“只生产原料药和中间体不是长久之计，因为这些产品的生产不需要药品生产许可证，即便是普通的化工厂都具备生产资质，不具备核心竞争力。”也有人说：“还有必要费劲去做制剂吗？只卖原料药企业也可以生存得很好。”

但王志邦始终没有忘记创办贝克药业的初心。

一方面，生产制剂能够补齐我国部分药品短缺的短板，另一方面，也是向国际制药企业和现有体系发起挑战。“国际巨头的惯用手法是以低价从中国采购原料药，加工成制剂后再以数以百倍的价格销售到国内。”每每想到这里，王志邦都更加坚定带领贝克药业迈向制剂生产阶段的决心。

2007年底，王志邦力排众议，收购了位于合肥市高新区的一家制剂厂，正式进军医药制剂领域。“当时，董事会讨论得很激烈，最终以一票否决、一票弃权、三票赞成通过了收购方案，这种‘险过’在民营企业的董事会上是不多见的。”

2007年，王志邦向监管部门申请药品生产批号，没想到，原研药企却使用各种方法出手阻挠。

不得已，他向法院提起诉讼，打起了专利官司。一家中国县域药企对抗世界级的行业巨头，很多业内人士都发出了质疑的声音。要知道在当时，原研药企业的年销售额有1200多亿英镑，而整个中国的医药工业销售额才刚过万亿人民币。

很多人都劝王志邦别折腾了，甚至贝克药业团队和法律顾问都认为这将会是一场旷日持久并且胜算不大的硬仗，搞不好会拖垮企业。

外界的一致反对并没有改变王志邦的决定，反而激发了他的韧劲，经过反复举证和漫长的拉锯战后，2010年10月，贝克药业迎来了一个令人欢欣鼓舞的战果——北京市中级人民法院支持国家知识产权局关于拉米夫定片专利权无效的决定。

长达数年的中外专利之争终于落下帷幕，王志邦终于扫清了拉米夫定片国产化的障碍，并实现了贝克药业向制剂生产企业转型的愿景。同年，贝克药业的抗艾滋病药品也拿到生产批文。

“现在大多数原研药品的专利权被国际巨头掌控，贝克药业每种产品的上市几乎都伴随着专利官司，每个官司诉讼时间至少在四年以上。”

但王志邦执着地认为“这些都是值得的”。一组数据足以证明他的观点，从2010年到2016年底，贝克药业先后推出了7种制剂，“由于相对于国外产品售价较低，每种药品至少为国家和病人节省4亿至5亿元”。市场规模的扩张使贝克药业在2016年的营业收入达到了8亿元。

研发至上

纵观我国医药产业，改革开放至今的40多年是其市场发展最为辉煌的阶段。统计数据显示，这期间，医药行业年平均销售收入增长幅度超过17%，远远高于全球医药市场8%—10%的增幅。

不过，我国医药科研水平并没有实现与销售规模的同比例提高，尽管国内涌现出恒瑞药业、复星药业等一批科研实力较强的药企，但与全球行业巨头相比仍然不可同日而语。

不可否认，出现这种局面的原因，一方面，是我国药企科研工作起步较晚，与欧美发达国家药企间存在先天差距；另一方面，则是由于整个行业的科研取向和科研环境出了问题，部分药企并不重视科研，而是沉迷于仿制国外原研药品。

“你知道为什么国产青霉素需要进行‘皮试’而进口青霉素就不需要吗？那是因为国产青霉素无法去除药物中一种可能伤害部分过敏体质人群的杂质，只有先进行小剂量的‘皮试’，在确认人体不过敏的情况下，才能进行注射。”

王志邦以青霉素举例道，“这个问题从20世纪50年代我国开始自主生产青霉素就存在，到现在还没解决，这不是科研能力的问题，而是药

企认为青霉素制剂便宜到一毛多钱一支，谁还会去投入人力和财力进行研制攻关”。

与国际药企动辄数十亿美元科研投入相形见绌的是，统计数据显示，2015年度中国上市药企中科研投入最高的是江苏恒瑞药业，其投入也不过8.9亿元，而大部分国内上市药企的年度科研经费在2亿元以下。

当前，国内制药领域处于大型国企不愿意研发、小型药企没钱研发、科研院所研发项目转化率低的境地。国企一旦有钱，首先想的是如何扩大产能、上马生产线，“这一点很容易理解，扩大产能，成效立竿见影”。

但在王志邦看来，在医药领域中，品种的拓展远比规模的提升重要，研发可以说是药企的生命。“现有体制下，民营药企可能会成为科研创新的主力军。”

深刻认识到科研重要性的王志邦，在创办贝克药业之初就立志打造一支高水平的科研团队。目前，贝克药业的团队中共有80多名来自世界各地的细分领域专家，对于如何留住这些科研人员，王志邦笑称，“薪资、待遇和工作环境多举齐下”。

2002年，王志邦“下海”之初，迫切想邀请一名领军的专家加入团队，但“五顾茅庐”也未能成行，在得知这名专家因为房屋购置陷入财务困境时，他伸出了援手。这位专家被王志邦的诚意打动了，便加入了贝克药业。“现在，他是我们的董事兼副总裁。”说这话时，王志邦一脸得意。

在科研人员享受高薪的同时，王志邦甚至拿出自己14%的股份分给公司的科研骨干，按照近期基金投资贝克药业的协议，这笔股份的估值已达1.4亿元。这些做法加强了研发队伍的凝聚力，也让贝克药业的人员流动性长期维持在一个较低的水平，公司成立之初的十几名元老至今仅有3人离职。

也正是出于对自主研发近乎执拗的追求，贝克药业的创新研发工作走在了细分领域乃至整个中国医药行业的前列。

企业先后获得包括2015年安徽省科技进步一等奖在内的多项省级科技进步奖，并承担国家重大新药创制专项课题；先后申请发明专利75项，已获授权35项，在2015年还被认定为国家知识产权优势企业，并建立国家级博士后科研工作站。走过数年“仿制”道路后，贝克药业在原研新药开发上也开始了新征程，王志邦透露，多靶点的糖尿病和心血管病用药（贝克1号、贝克2号）两个原研药品专利已获20年专利池授权，研发工作也在有条不紊地进行着。

在研发领域持续创新的同时，王志邦还在专利合作方面下足了功夫，“目前，贝克药业正在和国际知名制药企业洽谈一种能功能性治愈艾滋病的长效药的专利合作，在无法买断专利的前提下，我们采用专利共享的模式‘曲线救国’，力争早日让国内的患者用上这种新药”。

据他透露，一种新药从发现新分子到动物临床试验，再到人体临床试验，最后到药品上市，需要十几年的时间，专利合作能够让国内患者尽早地用上世界上最为先进的药物。

借力资本市场

早年从事医药贸易，现在深耕医药工业和科研领域，拥有30余年医药产业职业生涯、历经科工贸三大环节的王志邦无疑是太和药商这一群体发展的缩影。

在他看来，从商业到工业是一种进步，而发展到科研则是一种文

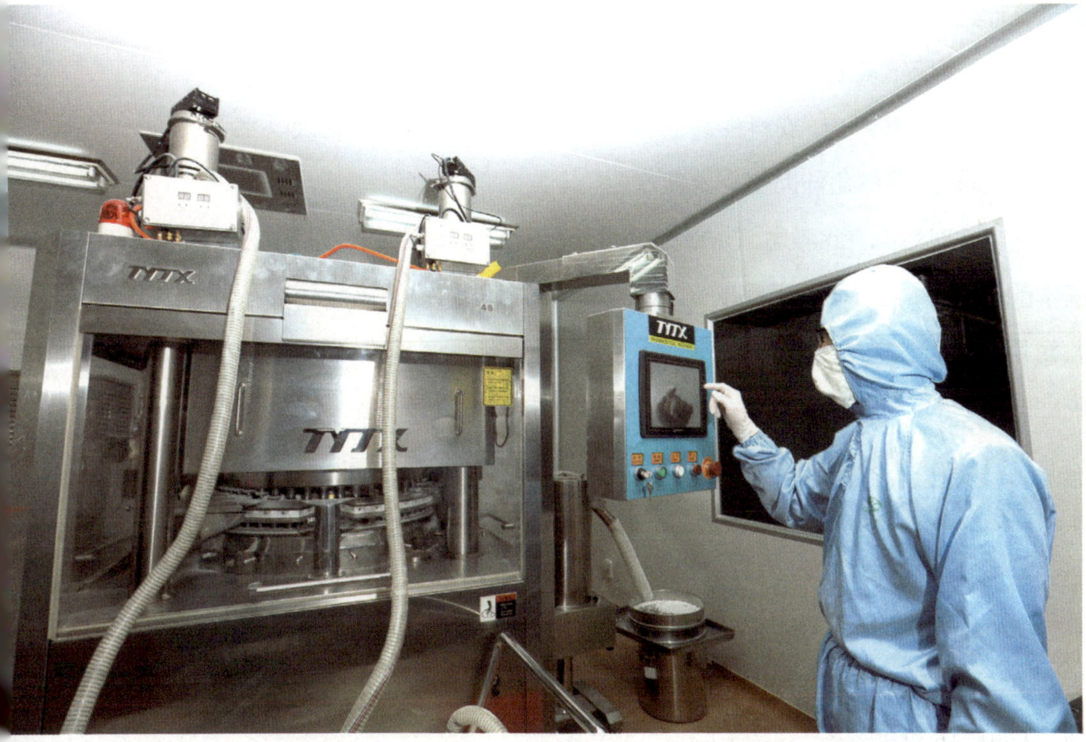

明。太和药商必须走出一条自己的路来，“单纯依靠做市场，是没有生存空间的”。

现在的贝克药业正走在一条核心优势明显、业务稳定、净利润可观的高速发展道路上，但王志邦的梦想远不止于此，一幅“双百”规划的大幕正在缓缓拉开……在王志邦的规划中，贝克药业要在未来五年内实现产值100亿元，市值100亿元的目标。

“实现这一目标，其中很重要的一个环节便是登陆资本市场。”王志邦的语气中流露出对上市的渴望与信心，据他透露，公司已经完成了“辅导期”，将于近期向证监会提交上市申请。

统计显示，安徽省目前共有安科生物、丰原药业、山河药辅、亿帆鑫富、黄山胶囊等5家上市药企，登陆资本市场能够有效提升药企的并购能力，能够拓展盈利点。安科生物董事长宋礼华就曾表示，“公司会以生物制药为核心，将触角伸向整个健康产业”。

王志邦显然也有此考虑，他规划，企业一旦上市募得资金后，将会在资本的撬动下，完善既有药品的剂型，同时针对一些急缺的癌症药物和儿童用药进行攻关。此外，企业还会积极发展精准医疗，研制预防多种癌症的中成药，利用基因测序设备锁定需求人群。

当然，发力资本市场的同时，王志邦实现“双百”计划的信心还来源于对自身产品市场前景的看好。

以抗艾滋病药物为例。目前，非洲患病人群超过4000万人，世界上有将近6000万艾滋病感染者，抗艾滋病药物市场年度规模在500亿美金左右。2015年，贝克药业成为安徽省首家通过世界卫生组织认证的制药企业，从而打开了国际化销售的大门。

“我们的抗艾滋病药物售价是欧美药企的八分之一，市场规模又那么广阔，只要我们抓紧在非洲国家分别完成注册，拿到投标资格，用我们的质量加价格的性价比，快速赢得五分之一甚至三分之一的市场，是大有希望的。”

相比市场的广阔以及对自身实力的笃信，党的十九大报告中“人民健康是民族昌盛和国家富强的重要标志”的论断则更让王志邦感到振奋，加之近来国家层面要求营造企业家健康成长环境、弘扬优秀企业家精神、更好地发挥企业家作用的提法，让王志邦直言，“这是药企最好的时代”。

『在他的身上，你既能感受到艺术家的洒脱和灵气，
也会感叹于企业家的商业嗅觉和社会责任』，
这是外界给予吴福庆的评价。
在大多数人的观念中，
艺术家和企业家这双重身份是难以兼得的，
甚至是相互排斥的。
但在吴福庆的身上，
这两者却得到了『辩证』完美地体现。

吴福庆

深圳市至正文博集团董事长
第四届、第五届徽商奥斯卡“十大徽商领袖”

吴福庆
力擎中国文博大旗

文/陈 浩 摄影/刘 姜 姜朝洋

他，是一名拥有徽商基因的企业家。20世纪90年代初期，出生于古徽州的他只身南下，恪守吃苦耐劳、敢为人先、诚信为本的徽商经世之道，在深圳这片“追梦人”的热土上书写下了属于徽商的辉煌。

他，又是一名浸润着深商精神的时代先锋，创新为本的深商精髓在他身上体现得淋漓尽致，无论身处哪一个行业，创新都是他立足市场的圭臬。他，更是皖粤两省经济、文化交流的一面“旗帜”，他热衷于徽州文化的传播，也善于把深圳在经济领域诸多有益的探索带回家乡。

他就是联合国教科文组织世界博物馆联盟副主席、深圳文化创意行业协会会长、广东省安徽商会会长、深圳市至正文博集团董事长吴福庆。

作为中国民间博物馆和中国文创产业的“旗手”，他用短短十年时间带领至正艺术博物馆从籍籍无名到跻身国内收藏界“翘楚”，馆藏总价值突破300多亿元。尤为值得称赞的是，在中国古代书画收藏领域，至正的藏品甚至不输大多数国家一级博物馆。正如上海博物馆研究员、国家文物鉴定委员会委员单国霖先生和故宫博物院研究员、陈列部主任、宫廷部主任单国强先生所说：“至正艺术博物馆让我想起美国纽约的大都会博物馆，它完全可以与世界一流博物馆相媲美。”

修炼“内功”的同时，吴福庆积极响应国家“请进来、走出去”的文化战略：他用自己争来的发言，最终将国际博物馆高级别论坛首次引入国内；论坛召开期间，习近平总书记发来贺信，刘延东到场宣读贺信，100多位各国世界博物馆馆长给予一致好评和赞扬；至正艺术博物馆更是国内第一家与联合国教科文组织“联姻”的民间博物馆，是联合国教科文组织世界博物馆战略合作联盟副主席单位……

新的历史时期下，吴福庆没有选择功成身退，而是勇立时代潮头、踏浪前行，立志在改革开放的前沿阵地有一番新作为。他首创“艺术品金融化”的创新理念新模式，同时正在打造中国第一家艺术品银行；他出资50亿元，正在深圳建造至正文博大厦。在业内人士看来，这一系列举措将加快中国民间博物馆走向世界的步伐，也将大大提升中国民间博物馆在全球范围内的话语权。

吴福庆常说，中华民族的伟大复兴离不开文化，因为一个没有文化主权的国家在国际上是没有话语权的。博物馆是一个城市的“眼睛”，是历史的见证，是一个国家的灵魂所在，文化是一个国家和民族“对话”世界的核心竞争力，“而博物馆正是文化的重要载体和传播途径”。

开创“艺术品+金融”的先河

“黄金有价、文物无价”，这是千百年来艺术品投资圈内公认的“真理”。这句话中的“无价”，既反映出各门类的艺术品独一无二的珍贵性，也从侧面点出了艺术品市场定价缺乏权威性的“痛点”。

但到了吴福庆这里，“无价”的艺术品“有了价格”。

2017年9月10日，坐标深圳市罗湖区京基100大厦。这座落成于2011年的摩天大楼是深圳市当之无愧的新地标，站在位于大厦顶楼的“天宫”向南望去，深圳河对岸的香港近在咫尺。

这一天，象征着深圳改革开放新征程的京基100大厦见证了中国艺术品投资行业的一场颠覆式变革，这一天，也注定被载入行业史册。一场由深圳市至正文博集团和银行金融机构共同主办的“艺术品与金融创新接轨启动仪式暨当代名家精品拍卖会”正在这里举行。

“艺术品”与“金融”接轨？现场的很多嘉宾对活动主题感到疑惑。在传统的观念中，艺术品的投资逻辑无非是“低价买入、高价拍出”，在这一过程中，金融的参与度几乎为零，艺术品毕竟不是土地、住宅等被金融机构“认可”的抵押物。

面对众人的不解，吴福庆“一语道破天机”，所谓的“艺术品与金融接轨”，就是指投资者能够通过艺术品抵押而从银行获取贷款。

他进一步介绍道，今后凡是经深圳至正国际拍卖有限公司拍卖的艺术品，其拥有者即可凭相关资料从金融机构进行贷款，贷款额度大致为艺术品拍卖成交价的60%。此外，在贷款利率上还能享有一定幅度的优惠。

当然，为了最大限度地控制风险，至正文博集团与金融机构经过严谨、审慎地研究与分析，制定了一系列规范化、科学化、程序化的方式方法，并充分整合国内外资本市场、艺术领域和文博专家等多方资源，提供艺术品保真保质服务措施。同时，在拍卖交易和贷款流程上都制定了详细的规程，避免恶意炒作、“人为”提升艺术品交易价格。

在当天的“当代名家精品拍卖会”上，当代中国名家的30幅国画精品顺利拍出。拍卖会结束后，买受人当场与银行金融机构的工作人员签订了艺术品抵押贷款预约书。

2018年槌声再起，66件古代书画和古代明清时期瓷器作品拍出了1.34亿元人民币。

此举也意味着吴福庆为艺术品插上金融“翅膀”的想法已成为现实。

事实上，对中国或者世界艺术品投资领域稍有涉猎的人都知道，近200年来，从欧美国家的拍卖行到国内的典当行无不在寻求艺术品与金融的契合点。

在欧美国家，花旗、摩根等投资机构亦有诸如此类业务，但因其中操作细节大多不透明而被诟病。

此外，一些拍卖公司和机构也曾试图与金融机构开展合作，但由于拍卖方不会也不敢对拍品作出反担保承诺，金融机构往往出于风控的考虑拒绝此类业务。这其实并不难理解，在大多数拍卖公司，老板或总裁往往不是“内行”，不具备艺术品鉴定的能力，他们的盈利模式也大多是抽取佣金，没有理由也没有必要给拍品作相关担保。

由此可见，艺术品的金融化固然对行业的长远发展有百利而无一害，但诸多制约因素让各方“望而却步”，但吴福庆自有“破解之道”。

“艺术品鉴定、艺术品金融，不是谁都有能力做的”，这是他常常说的一句话，“清朝嘉庆年间，我家祖上就开始从事艺术品典当业务”，身为古徽州收藏世家的第五代传承人，吴福庆对艺术品的鉴定能力和公信力毋庸置疑。也正因为这一因素，银行对至正的拍品有着相当高的信任度，加之有至正在银行的存款作为担保，银行自然没有了“后顾之忧”。

不过，他也坦言，这一布局从想法到落地经过了数年时间的酝酿与筹备。或许，其中艰辛，只有吴福庆自己知道。

有业内人士评价道，“至正艺术品+金融”的“打法”是一套直接的、透明的、安全的、高效的商业模式，自此开创了艺术品抵押贷款融资的先河。

站在促进艺术品投资发展的角度，吴福庆认为，艺术品金融化是一条不得不走的路径。得益于此，市场参与的各方会实现“共赢”。

从投资者的角度来看，以往投资艺术品占用大量资金的局面不复存在，除了艺术品的文化属性、投资属性之外，其金融属性也被挖掘。

对于金融机构来说，这种由至正进行担保“兜底”的模式无疑为自身的发展“开辟了新天地”，况且最大限度地控制了风险。这种模式的推广势必也将倒逼一些专业的鉴定机构提高自身的鉴定水平和职业规范，因为只有这样，这些机构才能抢抓艺术品金融化发展的机遇，分享市场的“一杯羹”。

而在吴福庆看来，此举最大的作用是激发艺术家创作的积极性，撬动“沉睡”多年的艺术品市场，“长期以来，庞大的艺术家群体一直缺乏一个较好的生存和创作环境。艺术品与金融全面对接，可以最大限度地‘解放艺术家的双手’，让他们专心致志地从事艺术品创作，而将宣传弘扬和推广交流的任务交给专业机构来完成”。

同样不可忽视的是，这更为中国乃至世界收藏界指明方向，将大大活跃艺术品投资市场，也为中国文化艺术的弘扬和传承走向国际构建了稳固的平台和桥梁，“总而言之，由此产生的社会效益和经济效益，不可估量”。

在吴福庆的愿景中，艺术品的金融化只是第一步，在新时代的历史进程中，他深知创新的重要性以及金融与艺术品结合的必要性，“至正将朝着艺术品银行的目标谋篇布局”。

“吴半张”的美誉

“在他的身上，你既能感受到艺术家的洒脱和灵气，也会感叹于企业家的商业嗅觉和社会责任”，这是外界给予吴福庆的评价。在大多数人的观念中，艺术家和企业家这双重身份是难以兼得的，甚至是相互排斥的。但在吴福庆的身上，这两者却得到了“辩证”完美地体现。

一袭唐装、谈吐不俗、举止优雅、深邃凝练的目光在古书画间游走……浑身上下散发着艺术家的气息，这是吴福庆给人的第一印象。然而，你很难想象，在10年前，他的身份还是一名从事IT行业、生物纳米高科技产业的企业家。

20世纪90年代初，吴福庆离开家乡南下深圳，从事当时最热门的IT行业，“当时做的是打印机销售，我代理美国和日本的两个品牌，由于当时打印机等硬件做的人比较少，利润回报也自然相当丰厚”。

回忆起早年创业时的激情岁月，吴福庆神采奕奕。在巅峰时期，吴福庆的公司曾经“垄断”了某打印机品牌在全国范围内40%的市场份额。然而，2000年前后，随着市场竞争的日趋激烈，打印机销售的生意越发难做，不仅市场份额下滑，利润较之前也低了不少。

转型迫在眉睫。此时，吴福庆再一次展示了自己的商业天赋。已经有了一定资金积累的吴福庆将目光瞄向了生物纳米材料这一高科技领

域。他选择和清华大学合作，研发用于临床医学使用的生物纳米材料。十年磨一剑，新项目的发展顺风顺水，这也为他积累了可观的身家。

熟悉吴福庆的人都知道，热衷于收藏的他每年都会“自掏腰包”用一大笔资金进行艺术品投资。到了2009年，他不再满足于此，而是作出了一个让公司所有股东意外的决定——创办民间博物馆，他要把企业每年所得利润的70%都投入博物馆。

辛辛苦苦创业成功，却要把利润投入堪称“无底洞”的艺术品收藏领域，公司的合伙人不干了，纷纷要求撤资。在吴福庆的再三劝说下，公司初创时期的6名合伙人中还是有3人选择了离开。

“我认准的事情，就一定会去做。”谈及当年合伙人的出走，吴福庆的脸上划过了一丝难以捕捉的遗憾。2009年，第一家至正艺术博物馆在泉州成立。

尽管在泉州时期至正的规模比较小，展出的藏品也主要是家传下来的中国古代书画以及吴福庆的个人收藏，但每天络绎不绝的参观者给了他坚持下去的信心和动力。

2011年，至正艺术博物馆选择转战深圳南山区开馆，这也是深圳市第一家民间博物馆。2012年、2013年他又分别在福田区和罗湖区开设新馆。从一个偏隅泉州的小型博物馆发展到今天拥有3处馆址的大型文博集团，至正只用了短短数年的时间。凭借丰富的馆藏文物，至正艺术博物馆奠定了自身在全国民间博物馆领域中的霸主地位。

中国古代书画收藏是至正艺术博物馆的强项，馆藏涵盖了宋元明清时期各朝各代的名人名家作品，其中包括宋代的“宋四家”、元代的“元八家”和清代的“清四僧”“清四王”“扬州八怪”以及明清时期宫廷画家等历代大家的精品。

“在中国古代书画收藏领域，即便算上公立博物馆，至正艺术博物馆也能够排在故宫博物院、国家博物馆、上海博物馆、辽宁博物馆等国家一级博物馆之后。”谈及至正艺术博物馆的行业地位，吴福庆一脸平静。或许，在吴福庆心中，至正还能走得更远。

翻开当代中国民间博物馆的发展史，从1997年第一家民间博物馆设立至今已经过去了20个年头，民间博物馆收不抵支、馆藏难继、政策缺失等问题仍然普遍存在。在这样的行业环境下，至正艺术博物馆是如何闯出一条新路，从“籍籍无名”到跻身国内收藏“大家”的？

“资金、专注、专业，三者缺一不可”，这是吴福庆给出的答案。

在民间博物馆发展过程中，资金支持尤为重要。维持场馆的正常运营、购买艺术品等都离不开雄厚的经济基础。吴福庆透露，三家至正艺术博物馆一年的运营成本就超过千万，如果没有其他产业的利润作为支撑，“就很难存活下去”。

他同时强调，民间博物馆切忌一味地追求“大而全”，而要做到“小而专”，要有一技之长。现在很多民间博物馆什么领域都涉足，但缺少“亮点”，自然没人去看。

除了资金、专注之外，吴福庆凭借过硬的鉴定功底在业内获得了“吴半张”的美誉，这也为至正艺术博物馆平添了些许“传奇”色彩。

数年前，一名香港商人带着四箱古书画找吴福庆鉴定。按照正常的鉴定速度，鉴定完这些藏品至少需要两天的时间。

在吴福庆看藏品的时候，身边围了很多人。只见每张画他只是打开一半，也就是半张，就又收了起来。众人很疑惑，不明白吴福庆葫芦里卖的什么药。不过短短两个半小时，近400幅古代书画就全部鉴定完毕。

他把400幅画按朝代、真伪分门别类整理出来。同时，他对每幅伪作都作了细致的点评，指出问题所在——为什么材质不对，为什么款识不对，为什么印章不对，周围人心服口服。

联合国教科文组织世界博物馆战略合作联盟巴黎会议合影留念（至正艺术博物馆为副主席单位）

“我的鉴定方法很简单，如果一幅古代作品落款上是宋代某画家的名字或者印章，但材质是清代的，那就肯定是赝品，或者至少是清代仿宋代的作品。”吴福庆上手过的真伪书画作品不会低于40万件。

从此之后，“吴半张”的美名便在圈内传开了。

“画风、技巧等是人主观的判断，而不同年代材质之间的差别是客观存在的，用这种方法来鉴定书画的真伪最为准确”，吴福庆坦言，对材质能有如此精准的把握，完全得益于自己的外祖父余荣发先生，“他是民国时期知名的收藏大家，一生共为家族积攒了40余箱2000多件艺术精品，更是给家族留下了一本从宋元明清时期早、中、晚期绢、纸、绫的样本”。这一样本的存在，对吴福庆鉴别古代书画材质真伪起到了重要的作用。

“钻研收藏，想要有一双鉴别艺术品真伪的慧眼，必须多学、多看、多上手。”

现在，即使已经身为中国古代书画鉴定领域的专家，吴福庆依然保持着每天鉴定100多件藏品的习惯，工作到凌晨更是家常便饭。有很多企业家、收藏爱好者都把自己的藏品带到至正艺术博物馆来请他“掌眼”。到目前为止，吴福庆鉴定过的古代书画作品达到几十万件。

在吴福庆眼中，随着艺术品收藏的日趋繁盛，在催生赝品的同时，也催生了许多“纯理论鉴定专家”。

这些所谓的“专家”鱼龙混杂，依靠书本上的一些知识以及看过一些画册和博物馆的展览，就开始著书立说。实际上，这些人并没有资源和机会真正“上手”接触文物真迹。这种所谓的“专家”是没有鉴定能力的。

吴福庆的慧眼，也让至正艺术博物馆在国际艺术品交易市场上斩获颇丰。

两年前，在美国一场国际艺术品交易会上，一名收藏家展出了一幅《钟馗雨夜出游图》，开价3000万元人民币。当时有很多国际知名的收藏家上前询问，其中还有两位是我国收藏领域的巨擘，但他们都没有购买。很显然，他们无法确定画的真伪。吴福庆透露，如果是真品，3000万元的价格并不算高。

当吴福庆看到元代的材质和“松雪斋”的印章时，心里已经知道八九不离十了。当画卷完全打开，落款处“赵孟頫”三个大字展现在眼前时，吴福庆心里一喜，捡着漏了，当即就拍板向藏家购买了藏品。

最终，经过几轮的讨价还价，在交易会的最后一天，吴福庆以1300万元的价格将这幅画收入囊中。回国后，国内某博物馆找到他，希望能以6000万元的高价受让这一藏品，但被吴福庆婉拒了。

颇有意思的是，吴福庆过人的鉴定功底有时也让他站到了一些市场人士的“对立面”。

在深圳的艺术品收藏界甚至流传着这样的段子：赝品泛滥的古玩市场，卖家只要听到买方要把东西拿去给吴福庆鉴定时，就会说不卖了。一方面是由于商贩们深知吴福庆的鉴定实力，另一方面是他们了解吴福庆耿直的性格。

也正因为吴福庆身上的这种“正气”，深圳的很多所谓收藏家，都视他为“克星”，甚至会用短信和电话对他进行恐吓。“因为我是专门打假的，这样做就断了很多人的财路。但我很愿意做这样的克星。”然而，面对市场的良莠不齐，吴福庆明白，仅仅靠一己之力显然是不够的。

鉴于此，当下，至正文博集团正与北京大学、深圳大学等知名学府共同发起成立文博学院，邀请专家团队讲学，培养精通国内文物断代、修复和鉴定的专业人才。同时，与国际接轨，提高中国文博界在世界范围内的话语权。

据了解，至正艺术博物馆创立至今已有25年，馆长吴福庆走遍世界各地，拜访了数百名各国著名艺术家和收藏家，并与20多个国家的著名博物馆签订了互动参访、授权展览的协议。期间，集团公司在海外征集拍卖花费在艺术品收藏上的资金高达70多亿元，经评估，这些藏品现在的总价值已经突破300多亿元，“艺术家”和“企业家”的双重身份在这里再次得以完美融合。

让世界文博为中国“站台”

近几年来，随着至正艺术博物馆逐步走上正轨，吴福庆开始把精力放到了与世界各大知名博物馆的合作中。作为中国民间博物馆的“旗手”，他更是积极参与相关世界性组织的建设。在他的观念中，中国的就是世界的，“我们既要走出去，也要把世界优秀的文化、艺术、博物馆等请进来，这才是真正的交融，也有利于提升自身的眼界和实力”。

“6分钟”征服世界

时间上溯到2015年，世界博物馆战略合作联盟大会在巴黎总部召开，作为唯一一位被邀请的民间博物馆馆长，吴福庆多次按亮面前发言的指示灯，却一直没有获得发言的机会。在大会即将结束的最后一天下午，他勇敢地站了起来，戏称“桌上的灯坏了”，得到了大会主席的许可，获得了3分钟的发言机会。当音乐响起提醒发言者讲话结束时，他又主动申请作了3分钟的讲话。

就是这6分钟由他争来的发言，为中国、为深圳争得了“世界博物馆大会”的举办权。

他告诉在场的世界各国博物馆馆长：随着改革开放和中国的崛起，中国已经有5670家博物馆遍布全中国，按照李克强的要求，每25万人居住的地方就要建造一个博物馆，中国已经成为一个博物馆大国，理应为世界博物馆的发展作出贡献。他骄傲地提醒大家，在座每位国家的博物馆经典藏品中一定都有中国的文物。

他的发言引起了大家的共鸣，他最后发出了诚挚的邀请：深圳作为中国最年轻的城市，却有着联合国教科文组织授予的两顶桂冠——“世界设计之都”和“全球全民阅读典范城市”。希望下一届“世界博物馆大会”在中国的深圳举行，届时将让大家领略中国5000年的灿烂文明，去体验2000多万深圳人民的欢迎热情。

发言毕，全场起立鼓掌！

2016年11月10日，是一个让吴福庆刻骨铭心的日子，也是让全中国博物馆界为之振奋的日子：“世界博物馆大会”来到了中国深圳。

这一天，由联合国教科文组织、中国联合国教科文组织全国委员会、国家文物局、深圳市人民政府联合主办，深圳市文体旅游局、深圳市至正文博集团旗下的深圳至正艺术博物馆承办的“国际博物馆高级别论坛”在深圳开幕。论坛的规格更是出乎所有人的意料。

中国国家主席习近平发来贺信，对论坛召开表示热烈的祝贺，刘延东宣读贺信并致辞。

广东省委省政府、国家文物局、深圳市委市政府相关领导、联合国教科文组织代表，以及来自世界多个国家的文化部门负责人、博物馆馆长等共聚一堂，深入探讨如何发挥博物馆在促进全球可持续发展与跨文化交流中的作用等话题。

在论坛上，身为联合国教科文组织世界博物馆战略合作联盟副主席的吴福庆主持了“和平与冲突时代的文化遗产保护”主旨论坛，并发表讲话。

这是“国际博物馆高级别论坛”第一次在中国举行。论坛成功举办后，吴福庆与联合国教科文组织达成协议，未来四届论坛的举办地也将放在中国，而至正艺术博物馆也将继续做这项高级别论坛的承办方。

数年来，在积极引进、承办国际性论坛的同时，吴福庆还致力于联合世界各地知名民间博物馆、鉴定专家、艺术家、收藏家、投资者等共同发起设立了“世界民间博物馆联盟协会”。

“博物馆是一座城市的眼睛，是历史的见证，是一个民族的灵魂所在。为了重拾人类文明的记忆，随着社会经济的不断发展，当今世界各国民间博物馆如雨后春笋般涌现出来，目前，数量已达5万余家。”

在吴福庆的规划中，世界民间博物馆联盟协会的成立，将为民众广泛参与、支持和保护文化遗产事业增强确定性和方向感，更能为世界各国文化交流和合作开辟新途径、充实新内容、注入新活力。

此外，自筹资金50亿元在深圳市罗湖区最中心的地段上投资、建设和运营世界博物馆大厦也是吴福庆和至正文博集团近两年来的“大手笔”。2018年4月底，世界博物馆大厦正式动工，不久的将来它就将以卓然雄姿矗立在深圳著名的深南大道上。

据吴福庆透露，大厦建成后，将成为联合国教科文组织世界博物馆战略合作联盟在深圳开展各类文化交流的场所，承办连续五年在深圳举办的“世界博物馆日”等系列活动。在吴福庆的办公室内，一座世界博物馆大厦的模型占据了显眼的位置。即便是对艺术缺乏鉴赏能力的人，也会对其独特的建筑风格发出由衷赞叹。

世界博物馆大厦整体上呈现出一个甲骨文的“文”字，同时又像一条巨龙，而这栋大厦的核心就是文化，以文物为纽带，弘扬历史文化，传承人文精神。

据吴福庆介绍，世界博物馆大厦计划成为打造国际“互联网+”艺术品产权交易中心与国际艺术品投融资的平台，其总体定位为国际艺术文化综合体，核心功能为“展”“学”“商”。

“展”：由联合国教科文组织牵头主办、至正艺术博物馆协办的国际博物馆高级别论坛大会将落户在世界博物馆大厦内。大厦内将建立国内首家中西方文化交互式古代和近现代艺术博物馆，充分运用最前沿的现代科技、多媒体技术打造全方位的“文化+互联网”体验中心，充分展示全球各国多元文化发展的成果。

“学”：以深化至正艺术博物馆与法国卢浮宫学院等国际著名文博学院开展的各类学术交流与合作为契机，全方位打造国际文博产业学术交流平台。开设以考古学、艺术史学、鉴定学和博物馆学等为主的技术学科，举办多元化、多层次的国内外学术活动。依托联合国教科文组织平台，开展国际性文物保护、文物鉴定、文物修复等交流活动。

“商”：大厦建成后将是全球最具规模的艺术品交易所之一，也是艺术品交易中心（筹），世界民间博物馆联盟协会执行机构也将设在此处。该中心定位为国际“互联网+艺术+鉴定+金融”的文化产权交易中心，届时将聚集世界文博艺术鉴定专家和艺术品修复专家，预计年交易额超6000亿元以上，堪称“文化艺术产业线上线下交易的阿里巴巴”。

现在的吴福庆，在闲暇时光常常会在世界博物馆大厦的模型前驻足凝神，仿佛在思考着什么。在他的愿景中，这座大厦不仅是至正文博集团的大厦，更是深圳人民乃至全国人民的，“我们希望通过国际艺术文

化综合体的运营，打造一张国际文化交流的全新名片”。

文化的“信徒”

尽管名下产业众多，但吴福庆早已把文化产业视作自己的“主战场”。他常说，中华民族的伟大复兴离不开文化，因为文化是一个国家和民族“对话”世界的核心竞争力。

对于他来说，徽州和深圳是他履历中最为重要的城市，前者孕育了他的生命和文化底蕴，后者给予了他事业的腾飞和逐梦艺术收藏的辉

煌。而这两个城市恰巧又都是“文化高地”，前者是古徽州文明和精神的腹地，后者则是全国文化交互、流动中心，是名副其实的设计之都、文化交易之都、全球全民阅读典范城市。

在他看来，文化是一种力量，是对历史的记忆，也是对未来的选择。

凭借文化领域的领袖地位和超凡脱俗的人格魅力，吴福庆在2015年广东省安徽商会换届选举中，毫无悬念地被推选为新一任会长。上任伊始，吴福庆就响当当地提出“文化扬帆，徽商起航”的理念。

2018年，他凭借自己在中国文化创意领域的影响力，几乎全票当选深圳文化创意行业协会会长。

他在就职演说中分享了自己对文化内涵的感悟：“文化可以使一个国家繁荣富强，也可以使一个国家衰败灭亡，什么样的文化造就什么样的民族，什么样的民族造就什么样的国家，一个国家的伟大复兴一定是文化的复兴。城市是文化的容器。曾经被诟病为文化沙漠的深圳如今已成为国内文化产业发展的绿洲，并已符合全国领头羊的气质。文化的力量深深地熔铸在经济社会发展的生命力、创造力和凝聚力之中。”

作为新一代徽商企业家的优秀代表，吴福庆常被人追问起一个问题：“作为名震明清的知名商帮，徽商究竟有着怎样的独到之处？”

“斯商，不以见利为利，以诚为利；斯卖，不以赚赢为赢，以信为赢。”这是吴福庆给出的答案，以诚待人、以信接物，讲究商业道德，义利兼顾，秉承诚信为本经营理念的徽商创造了巨大财富，让徽商从明清时期开始称雄数百年。

而这几十年来，安徽虽然走出了诸多知名企业家，但在中国商业版图中的地位却远不如前，这让吴福庆看在眼里、急在心中。如何破局呢？

在一次与家乡领导交流的恳谈会上，吴福庆给出了“解药”——文化产业。会上，他从徽商传承人的角度和责任方面解读了该如何以文化产业助力安徽经济和徽商发展。

“安徽的文化产业发展是比较保守的，深厚的文化底蕴没有得以完全挖掘，客观来说，安徽的文化名片，不输全国任何地方，安徽的大多数城市都有着少则百年甚至千年历史。”未来，吴福庆计划在安徽合肥设立至正艺术博物馆和文化艺术品交易中心，用文化的力量提振徽商的雄风。

对于新时代徽商未来的发展路径，他以自己的经历分析道：“进入21世纪，思维模式不能停留在过去，封闭就没有出路，开放才能发展。大时代需要大格局，大格局需要大智慧。作为具备文化底蕴的商帮，我们的根依然坚实，徽商最终将走向世界舞台。”

正如《礼记·大学》所言，

古之欲明明德于天下者，先治其国；

欲治其国者，先齐其家；

欲齐其家者，先修其身；

欲修其身者，先正其心；

欲正其心者，先诚其意。

诚信、进取、爱国、谦和的

吴献忠在事业上可谓烈火烹油、鲜花着锦，

而这正得益于他能够先修身、再齐家。

吴献忠

上海电能电气（集团）有限公司董事长

第四届徽商奥斯卡“十大徽商领袖”

吴献忠
比竞争对手更得人心

文/邵 梦 摄影/姜朝洋 刘 姜

昔有“无徽不成商”“无徽不成镇”的徽商一帮，他们贾而好儒，以诚待人，以信接物，以义为利，以仁为本；他们在东晋及之后的千年里，渐成为中国商界的一支劲旅，所向披靡。

今有新时代下的新徽商，他们继承以儒为本的传统，爱国、进取、勤奋、知恩；他们也在创新中不断抓住商业世界的周期规律，被裹挟在时代变迁中坚守实业报国之心、复兴徽商之道。

上海电能电气（集团）有限公司董事长吴献忠正是其中一个范本。

从打破“铁饭碗”弃政从商到背井离乡远赴上海打拼，从在发电行业的跌宕起伏中坚守20年到把握新能源变革之机转型升级，从醉心于公益事业、商会事务到“吃水不忘挖井人”反哺家乡，吴献忠的家国情怀一如他的偶像——红顶商人胡雪岩。

因此，即便在火力发电行业发展普遍下滑的当下，能够得到华能、大唐、华电、国电、中电投等中国五大发电集团及核电、军工方面的有力支持，上海电能电气集团依然能够逆势生存，产值以每年15%的速度递增。这与吴献忠不怕苦的“徽骆驼”精神不无关系。

发展至今，上海电能电气集团已经从最初纯粹的发电设备制造商成长为装备制造、发电工程建设总承包、电站服务协同发展的集团式企业，并逐步形成高效清洁能源、新能源、工业装备、现代服务业四足鼎立的商业布局，位居中国电气工业前列。

而吴献忠本人，面对行业变革的关键时刻和能源制造竞争日趋严峻的环境，愈发沉稳如水，凸显徽商本色。“随着市场竞争越来越激烈，越来越多的中国企业从原来的盲目价格战中醒悟过来，越来越注重服务，越来越体会到以人为本的重要性。只有比竞争对手更有效地满足目标客户的需求，才能有效地令企业从市场竞争中胜出。总体来说，就是比竞争对手更得人心。”

逆风飞翔

对火力发电行业来说，眼下并不是最好的时代，它们行走得甚至有些步履维艰。

一方面，由于电煤价指全年始终处于高位运行状态，企业在成本端持续承压，2017年，火力发电板块出现了大面积的利润降低甚至亏损。

2017年，我国火电工程建设完成投资已出现明显下滑的趋势。中国电力企业联合会最新公布的数据显示，2017年1—11月份，我国火电工程建设完成投资674亿元，同比下滑幅度达到27.4%。2017年2月，中国电力发布预警公告，称该公司2017年股东综合净利润同比下滑70%，

华能国际电力同样也在公告中称2016年股东净利润同比下滑74%—84%……

另一方面，政策的规划对煤电去产能提出了更高的要求。

受经济增速放缓、电力供需变化等影响，我国煤电利用小时数持续下降，同时规划和在建煤电项目规模较大，违规建设问题仍然存在。为化解煤电产能过剩风险，2017年7月26日，国家发改委、工信部等16部委联合发布《关于推进供给侧结构性改革　防范化解煤电产能过剩风险的意见》(发改能源〔2017〕1404号)(以下简称《煤电供给侧改革意见》)，提出在“十三五”期间，全国停建和缓建煤电产能1.5亿千瓦，淘汰

落后产能0.2亿千瓦以上，到2020年煤电占比将下降到55%。预计未来火电投资增速、火电装机容量将进一步得到控制。

也就是说，在火电、水电、风电、光伏以及核电五大主要发电类型中占比超过六成的火电正遭遇前所未有的行业"滑铁卢"。

然而，吴献忠却带领上海电能电气集团奇迹般地逆势上扬。

"国家火力发电厂原先的保有量规模很大，在正常维护、改造升级、科技创新等环节还存在大量机会。"他透露，能够在全国60%—70%的电厂中参与一个或几个环节，就能够使上海电能电气集团的业绩保持稳定。

然而，在不可逆转的行业大气候下，吴献忠也难免感受到经营压力。"尽管有稳定的金融系统支持，但近年来资金紧张的形势越来越严峻，而且回款速度明显放缓了许多"。

如果深陷行业的天花板"坐吃山空"，总有一天会被时代所淘汰。所谓"穷则变、变则通"，只有先于行业变革而变革才能使自己立于不败之地。

因此，以"创新驱动、转型发展"为指导，上海电能电气集团已率先开启创新模式，旨在通过科技创新和国内国际合作、引进和培养高端人才，保持持续的研发投资力度，积极培育新兴产业，打造现代化、国际化的企业集团。

首先，通过技术引进、消化、吸收及再创新，使企业在传统火电板块具备自主创新能力，拥有一批自主知识产权。

目前，上海电能电气集团拥有国家级和市级企业技术中心，设立了行业重点实验室，是上海市高新技术企业，并与清华大学、上海交大、中科院有关院所、上海发电成套设备研究院、华能集团等建立了多家产学研用联合体，合作开发研究项目200余项，建立了5个院士工作室和6

个研究生工作室。

其次，在技术引进、消化、吸收的过程中，努力培养集成清洁能源的创新能力。

吴献忠透露，近年来风电、光伏、核电的发展不容小觑。2016年，这三种电力装机容量虽然只占15.9%的比例，但均实现了双位数增长。

此外，海上发电这只“风口上的猪”也映入他的眼帘。计划到2020年，全国海上发电开工建设规模达到10.05GW，力争累计并网容量达到5GW以上，“十三五”期间，海上发电的年均复合增长率将高达40%。

因此，吴献忠已在风电、光伏、核电、海上发电、垃圾焚烧等清洁能源方面多管齐下。

经历过低谷也迎接过高峰，现在的他已经能够有条不紊地应对这些挑战，带领他的团队继续勇攀高峰。

抱团发展

荀子《劝学》有云，“君子生非异也，善假于物也”，意指若善于借助外界力量获得自身长足发展，亦可达到事半功倍的效果。

吴献忠可谓个中高手。

时间追溯至2003年，国内第一套超临界2×600MW火电机组发电工程由华能沁北发电厂承接，总投资46.67亿元，是国家计委确定的首批超临界国产化依托项目。

只要能在这个超大规模项目上分得一杯羹作为其踏入行业的支点，吴献忠就有信心能促进上海电能电气集团的崛起。

凭借着不懈努力和坚持，最终他成功争得了这次难能可贵的合作机会。自此以后，上海电能电气集团抱团发展的模式正式开启，且在与中国各大火力发电厂的合作中实现了长足发展。如与中电投平顶山鲁阳电厂（2×1000MW）、华能玉环发电厂（2×1000MW）、华能海门发电厂（2×1000MW）、大唐国际内蒙古克什克腾煤制天燃气有限责任公司、大唐淮北发电厂虎山工程（2×660MW）、华电邹县电厂二期超超临界机组扩建工程（2×660MW）等的合作，就是抱团发展的很好实践。

“抱团取暖，方能抵御行业风险。”吴献忠如是总结。

2005年，又一次机遇悄然降临。

上海电能电气集团获得与中国机械工业销售排名第一位的装备制造集团上海电气集团股份有限公司的合作机会。

身为“上海电气”行业领袖级的合作伙伴，吴献忠感觉自己像一滴水汇入了汪洋大海，可以自由徜徉，未来充满了无限希望和机会。

“在业务拓展上，我们有了更大的自主性”，吴献忠已不满足于发电设备的营销生产，而是将目光放在了投入规模更大、产出效益更多的火力发电工程建设EPC（工程总承包）项目上。

动辄数亿元，甚至高达数十亿元的EPC工程总承包令上海电能电气集团开始迅速积累资本，并站到了国内电力工程承包市场的第一梯队。

国内能源制造市场竞争激烈，发展的难度系数较大，但吴献忠自有一套良性竞争的理念，“随着市场竞争越来越激烈，越来越多的中国企业从原来的盲目价格战中醒悟过来，越来越注重服务，越来越体会到以人为本的重要性。只有比竞争对手更有效地满足目标客户的需求，才能有效地令企业从市场竞争中胜出。总体来说，就是比竞争对手更得人心”。

在上海电能电气集团近20年的发展历程中，吴献忠始终以“比竞争

对手更得人心”的口号要求自己。

至今他仍记得多年前，有一个重要客户急需一批进口物资，但是吴献忠当时询问了很多供应商，货期均无法满足客户的要求。

突然有一天，有一个供货商主动联系吴献忠说他那里有现货，但是价格要远远高出吴献忠的销售价格。

“电厂的物资价格是固定的，不会因为我们采购成本高而去调整此单价格。”但是，吴献忠还是高价买回，火速派专车将产品送至客户现场，并以原销售价卖给客户。

虽然这笔订单给企业造成了损失巨大，但是吴献忠的美誉在业内逐渐流传开来。

继2008年北京奥运会之后，2010年，上海世博会、广州亚运会的成功举办让世界再次见证了中国力量。而为上海世博会、广州亚运会提供电气设备的吴献忠同样借此树起了徽商榜样。

此后，在上海电能电气集团的历史上，一个个名震行业的大项目接踵而至。

2011年初，集团获得了与新疆生产建设兵团目前最大的电厂EPC总承包工程——标的价值为7亿元的农一师2×350MW扩建工程的合作机会。2012年，集团在乌鲁木齐成功签署了标的为24.5亿元的新疆奎山2×350MW热电联产EPC总承包项目。2013年至今，集团先后成功承揽了第四师七十三团金岗循环经济产业园区自备电厂EPC总承包项目、甘肃鼎盛新能源科技投资开发有限公司风电项目EPC总承包项目、新疆嘉盛阳光6×200MW发电机组项目、新疆其亚集团12×360MW发电机组项目、新疆西部地区2×30MW热电联产项目EPC总承包项目……

在国内发展的同时，吴献忠带领他的上海电能电气集团继续稳步向国际进军，也取得了骄人的成绩。

目前，集团在越南、印度尼西亚、科威特、罗马尼亚及非洲部分地区正如火如荼地开展多台大型发电厂EPC总承包工程项目。这些大项目的成功开展，为集团在EPC领域的发展奠定了坚实的基础。

在他的带领下，上海电能电气集团经过近20年的发展，产值以每年15%的速度增长，其产品门类从单一煤电到煤、气、新能源发电并举，从最初纯粹的发电设备制造商成长为装备制造、电厂建设工程总包、电站服务协同发展的集团式企业，并逐步形成高效清洁能源、新能源、工业装备、现代服务业四足鼎立的商业布局。

基于其在核电设备产业链、大容量超临界火电机组、燃气机组制造、太阳聚能发电和智能电网、节能工业装备等方面的探索和实践，上海电能电气集团目前已成为国内规模最大、产品门类最全、系统集成能力最强的电气集团之一，并位居中国电气工业前列。

此外，吴献忠介绍，上海电能电气（集团）有限公司目前也是机械行业现代服务业先行企业之一，在电站工程、输配电工程、国际贸易方面取得了显著进步。“目前，现代服务业产值占集团收入已经接近四分之一，并将继续扩大份额。”

弃政从商

吴献忠身上这种不断迎接挑战、不断突破自我的能力，是在过往30多年里一次次磨砺后的成长与成熟，是在改革开放40多年间时刻把握时代脉搏的蝶变与适从。

打破安逸的铁饭碗，闯荡陌生的上海滩，走进低谷时期的仪表行业，掌舵上海电能电气集团，完成姗姗来迟的企业改制，带领企业走向集团式发展，迎接互联网时代的新一轮冲击……无一不是。

和大多数出生于20世纪60年代的创业者一样，吴献忠的少年时代也充满了物质匮乏、精神荒芜的记忆。长大以后他毅然选择了走仕途。

1987年，大学毕业的吴献忠进入滁州市文化局工作，当上了当时人人艳羡的公务员。

而此时他所身处的年代，是一个价值观趋于多元化的转型时代，类似“摆个小摊、胜过县官，喇叭一响、不做省长”的顺口溜在民间广为流传，率先富裕起来的一批人逐渐引起了民众资本意识的觉醒，其中就包括原本沉默寡言、安分守己的吴献忠。

带着对资本最朴素的幻想，不顾家人的不解与反对，他毅然选择了下海经商。

作为高端装备制造行业的咽喉环节，仪器仪表行业在工业生产中发挥着不可替代的重要作用。历经半个多世纪的发展，我国仪器仪表行业从无到有、从小到大，已经形成了相当庞大的产业规模，产品种类也越来越丰富。伴随着我国经济的发展，各行业对于仪器仪表的需求也越来越旺盛。

截至20世纪末，在大型钢铁企业中，仪表与控制系统的投资占设备总投资比例的5%—7%，在大型火电厂中占比为7%—9%，在石油化工企业中占比为10%—15%。

尤其是自动化仪表行业，随着技术水平的不断提升，从无到有、从小到大、从弱到强，已发展成为各工业部门实现自动化和现代化的重要力量和坚强后盾。

吴献忠出生于素有“中国仪表之乡”称号的安徽省天长市。在这里，

仪器仪表、电子工业始终处于全国领先地位。

探索仪器仪表自然成为他进军商界的一个突破口。

创业开始的四五年里，他常年在外奔波，从事自动化仪表的销售工作，供货给各大电厂、化工厂、冶金厂等。

他信奉勤能补拙的道理，虽然自称没有销售的天赋、不善言辞且疲于应酬，但在很多人都不看好的情况下，他依然能够年年拿到企业的销售冠军。

1993年，吴献忠有了更为大胆的想法，离开家乡到长江尽头的上海滩去闯一闯。就在这一年，他顺利进入了上海自动化仪表股份有限公司，从事销售工作。

原本以为过去几年里丰富的销售经验可以作为一张漂亮的履历助他一进仪表公司就能被委以重任，可令其大跌眼镜的是，他只被安排做了一名普通的销售员。

谦虚、低调的个性使吴献忠并没有眼高手低，而是潜心做好自己的工作。“做销售必须什么都要懂，尤其是仪表行业的专业性高，从基层做起对我来说不是坏事。”

正是他这种不急不躁、持之以恒的劲头，令他经历了技术能力的提高以及职位的不断提升，从开始的技术员，再到车间主任、销售科长，一步一个脚印地升至项目成套部的总经理。

在许多人看来，执掌上海电能电气（集团）有限公司对吴献忠来说是一次机遇，然而他心里却清楚，这更是一次挑战。

在21世纪以前，整个仪表行业都处在不景气的阶段，总体规模小、行业集中度低、原材料价格不断上涨、技术开发水平低等因素掣肘着国内仪表行业的发展。在这种情况下，上海电能电气（集团）有限公司的销售业绩也逐渐出现下滑趋势。

然而吴献忠坚信，现代仪器仪表的发展水平是国家科技水平和综合国力的重要体现，其未来发展前景一定不可限量。带着这种信念，他决定带领上海自仪公司进行技术升级、服务转型，寻求机遇，渡过难关。

就在国内仪表行业哀鸿一片的时候，世界发达国家对于该行业的重视和支持却初见端倪。

日本科学技术厅把测量传感器技术列为21世纪首位发展的技术。德国大面积推广应用自动化测控仪器系统，20世纪90年代就增加了350%的市场，带动了劳动生产率1.9%的增长……

对这些国际形势了然于胸，吴献忠提出“市场全球化战略”，将销售市场转向国外，并将国际上优秀的自动化仪表品牌引入国内，暂时为公司解除了危机，为下一步的开疆拓土打下了良好的基础。

就在吴献忠征战国际市场的同时，国家政策的春风扑面而来。

2001年3月，九届全国人大四次会议通过的《中华人民共和国国民经济和社会发展第十个五年计划纲要》中明确提出把发展仪器仪表放到重要位置，这是中华人民共和国成立以来的第一次。

趁着行业利好，吴献忠将视野从国际移向国内，并把目标客户定位为大型电厂，并逐渐使企业从一个火力发电自动化仪表生产销售商正式转变为火力发电机组成套设备制造商及供应商，上海电能电气（集团）有限公司随之成立且业绩开始有所起色。

修炼内功

眼下，随着集团规模越来越大，吴献忠渐渐认识到做大做强企业不仅在于扩大规模、提高产能产值，同时也在于引入现代化管理等“内功”的修炼。

“要提高企业的竞争力，市场、顾客、产品和人才缺一不可，其中最

大的挑战是管理。”吴献忠实行的是人性化的管理制度和灵活的奖惩制度。根据员工的业绩决定其薪酬，通过股份激励、任用激励和各种有效的手段突出科技创新与人才开发……包括表达对员工的感恩之情。

“谢谢大家长久以来的支持和帮助，没有你们的努力，就没有上海电能电气集团的繁荣和稳定。大家所做的一切对我来说都是恩情，我会永远记在心里。人，必须要有一颗感恩的心，要感谢企业给了实现自身价值的平台……”“我们首先是企业的人，没有企业，个人的价值又如何体现?个人的得失不能说不重要，但有时为了集体，为了大局，是要作出必要的牺牲的!”吴献忠的助理说，吴献忠在每一次职工代表大会上都

会说这些话。

节假日看望公司员工也早已成为他的一种习惯。

“在我们企业的规划里，未来将会逐渐涉足房地产、低碳经济、风电、医药、健康等领域，这将会对企业人员素质提出更高的要求。所以，我会经常请培训师给员工做培训，以培养员工的综合素质和全球化视野。”他表示。

尽管上海电能电气集团目前的发展如日中天，但吴献忠对于未来并非没有担忧。

在他看来，技术创新和制造工艺能力的薄弱以及与国外的差距已成为影响整个行业发展的短板。更为严峻的是，国外对装备制造中一些关键零部件的垄断也牢牢掐住了上海电能电气集团发展的脖子。

“只有真正地把握好技术创新，才能够真正缩小和国外的差距”，在他看来，“就好比烧红烧肉这道菜，原材料都差不多，可是普通饭馆和五星级酒店做出来的味道差别很大，价格也相距十万八千里，这中间的差距就在于技术、工艺、管理甚至品牌”。

吴献忠透露，在一些高尖端设备的生产中，一些核心零部件，靠国内的技术力量依然无法生产，只有从国外进口。“在购买这些零部件时，国外不仅会设置障碍，而且价格高昂，时间拖沓，以至于无法预计生产时间。”

尽管在技术突破上的巨额投资回报较慢，但吴献忠和上海电能电气集团仍然不遗余力地投入研发。“每年我们的研发投入都占到总产值的10%，达到了发达国家研发投入的平均水平。”

此外，整个行业在维持了多年高速发展后开始呈现缓势，其所擅长的中低档产品规模生产随着国内市场接近饱和而受到抑制。“产能过剩、大而不强”成为行业的常态。

加之近几年来网络营销铺天盖地，很多工程项目和设备都是最低价中标。原先与上海电能电气集团保持良好合作的客户单位也在进行改革，需要通过激烈的竞争取胜。在这样的市场环境下，上海电能电气集团的业务发展受到了一定程度的冲击。

“2015年互联网火得发烫，‘互联网+’时代这些与时俱进的东西确实左右着整个国家经济的发展，但是我认为装备制造行业真正强大的标志不是在全球超市的货架上、在亚马逊的网站上，而是在德国、美国的车间里，要让他们使用到我们中国制造的高端工具。这也是我们上海电能电气集团未来的发展目标。”

面对装备制造业发展减缓的当下，吴献忠也开始多条腿走路。

上海电能电气集团旗下的租赁有限公司结合公司背景和自身优势，在能源板块、工业制造板块、商业服务板块、公共板块等领域广泛开展各类融资租赁业务，并在电站设备、技术改造、风电设备、节能环保等多个行业建立了专业化的经营平台，业务范围涉及北美洲、欧洲及中国各级省市。

尽管当下形势严峻，但对于未来，吴献忠仍然信心满满。

根据《国务院关于加快培育和发展战略性新兴产业的决定》，节能环保、新一代信息技术、生物、高端装备制造、新能源、新材料、新能源汽车等战略性新兴产业的增加值占国内生产总值的比重在未来还将继续增加。

“我们上海电能电气集团所涉及的高效清洁能源、新能源、工业装备、现代服务业均在上述决定涵盖的范围中，这就是我们的规划。”吴献忠表示，下一步上海电能电气集团将与国外知名品牌建立合作关系，引进好的产品和技术雄厚的团队，争取在火电、化工、核电以及其他工业制造领域取得更大发展。

复兴徽商

萌芽于东晋、崛起于唐宋、鼎盛于明朝时期的安徽商帮之所以能在中国商界叱咤风云近千年，与其在徽商文化催生下的“贾道儒行”精神不无关系。本着“达则兼济天下”的原则，他们不仅在外出创业的过程中推动了经济发展和社会进步，同时也有着“吃水不忘挖井人”的朴素情怀，都愿意在事业有成之际反哺家乡。

“过去的徽商坚守诚信为本、以义取利的经营之道，创造了一个又一个商业传奇。这种精神值得传承。”在这点上，吴献忠敢为人先。

除去企业家的头衔，吴献忠还是上海安徽经济文化促进会常务副会长、法人代表、经济委主任，上海滁州经济文化促进会党委书记、会长，上海安徽商会常务副会长，上海安慈公益基金会会长，上海西部企业发展中心常务副主任，上海新沪商联合会常务副会长，上海江河书画院院长，上海市滁州商会执行会长，上海市江苏商会常务副会长，上海市工商联芷江商会会长，安徽省滁州市第六届政协委员；连续十年获“中华百名优秀徽商”“中华十大徽商领袖”“中华十大徽商商会会长”“改革开放40周年新锐徽商”“上海市工商联优秀会长”“滁州好人”“改革开放40周年十大杰出徽商”称号。

作为上海安徽商会常务副会长、上海安慈公益基金会会长，他立志带领在上海打拼创业的新徽商们传承并发扬古徽商的“徽骆驼”精神。

他表示，要充分利用国际化大都会的优势，积极搭建社会平台、互助合作平台和引凤还巢平台，勇担社会职责，热心公益事业，为弘扬“徽骆驼”精神和“以诚为利、以和为贵、敏以成事”的新时代徽商精神，树立徽商的良好社会形象，以及促进沪皖两地经济互动发展作出积极的贡献。“今后，我们愿与全球徽商一道传承徽商精神，尊崇徽商盛名，为实现新时代千年徽商的新崛起而继续努力。”

徽商文化源远流长、博大精深，它所体现的“开放、进取、创新、和谐、诚信”等理念，正在转化为推动安徽加速崛起和徽商事业蓬勃发展的内在动力。复兴徽商之路，绝不能绕开此处。“广大徽商和企业要从徽商文化中摄取精华、汲取营养，弘扬徽商文化的开放意识、创新观念、合作理念、拼搏精神，真正让世界了解安徽，让安徽走向世界。”

近年来，醉心于事业发展的吴献忠一直在思考一个问题：民营企业家在完成财富的积累之后，该如何获得品格的提升？最终，他找到的答案是多参加一些公益事业。吴献忠每年都在支援灾区、社会慈善、援助弱小等方面捐钱捐物。近两年，公司累计捐款、捐物近千万元。

此外，吴献忠又投入了“大健康中国行”的公益主题活动，出任健康养生中国行上海总部主席，发动各界力量更好地践行联合国千年发展目标公益主题活动所倡导的促进全人类健康的目标和精神。2018年6月，他前往美国纽约，在联合国总部与美国ICP集团公司董事长Ron Shutter 先生签署了电力、能源项目的合作协议，还同美国儿童基金会会长签订了有关大健康和教育等方面的项目合作协议。

他坚信，对公益事业的持续投入与企业的持续发展是相呼应的，企业的品牌不仅包括产品和服务，更包括社会的责任和使命，只有肩负社会责任，才能得到社会的广泛认同，企业以及自己才能走得更远。

“我大约30%的精力是投身在社会事业之中的，但我主要的精力还是放在自己的事业上，毕竟事业是做慈善的基础，我不会荒废自己的事业。”这是吴献忠平衡企业与社会事业之道。

正如《礼记·大学》所言，古之欲明明德于天下者，先治其国；欲治其国者，先齐其家；欲齐其家者，先修其身；欲修其身者，先正其心；欲正其心者，先诚其意。

诚信、进取、爱国、谦和的吴献忠在事业上可谓烈火烹油、鲜花着锦，而这正得益于他能够先修身、再齐家。

为了工作，他舍小家顾大家，家事基本由妻子一个人打理，他也不能常陪伴在亲人身边。可是再忙再累，他也会抽时间给家里人打打电话，以解自己的思念之情。每每说起这些，他只简单地说一句：“自古忠孝不能两全。”言语中透着他的刚毅，也流露出一丝愧疚。但在家人眼中，他是个孝顺的好儿子，体贴的好丈夫，慈祥的好父亲。

如果再问他“如何平衡事业与家庭的关系”似乎已是多余了。

作为一家每年给地方带来数千万利税企业的舵手，吴献忠对于做事和做人有着自己深刻的感悟。他坚信，成功不是偶然的，做事之前首先要做人，人做好了就等于基础打好了，离成功也就不远了。

花甲之年转行再创业，
十几年来负债数亿，
面对种种不确定因素的冲击，杨德成
用常人难以想象的坚忍和担当
带领玉成置业
冲出『牢笼』，沐浴时代的曙光。

杨德成

合肥玉成置业有限公司董事长
徽商全球理事会终身副理事长

杨德成
玉汝于成

文/邵　梦　摄影/姜朝洋

“从前的日色变得慢；车、马、邮件都慢。”

在这个奔腾前进的年代，在这个瞬息万变的时代，人们唯有在诗歌中才能缅怀过去的漫漫时光。

然而，在众志成城、极速前进的徽商大军中，偏有这样一个特立独行的人，他信奉“天下武功、唯‘慢’不破”的工匠精神，专一、专心、专业。

他就是合肥玉成置业有限公司董事长杨德成。

从民营油企的“黄金年代”进入石油零售行业到在两大石油集团整合全国市场的“迷雾”中退场，尽管亏损严重，但他始终保持从容并主动寻找转型的方向。

进军地产界却遇到长丰县卧龙山一片寸草不生的贫瘠土地，他可以耐得住寂寞花费三五年时间将其打造成一座生态环境绝佳的风景区。

原以为终于可以在自己栽的树下乘凉，他却不期然而然地接到政府的一纸公文，不同意批复开发住宅项目，从未想过撤离的他静候长达三年时间，直到鹭山湖项目被批复开工。

在通往鹭山湖唯一道路的合淮路尚未改造的条件制约下，此前十年的所有投入都险些在开盘两年内的惨淡销售中付诸东流，但他依然选择坚守，一边利用自有资金为项目源源不断地“输血”，一边背负3亿元银行贷款坚持开发。

2016年合肥楼市的火热令鹭山湖项目反败为胜，而他更加坚信，作为玉成置业开发的地产项目，未来在环境、配套、服务三足鼎立的定位下，鹭山湖生态旅游度假区将成为安徽旅游地产的标杆。

对于杨德成来说，无论是进入石油零售行业，还是转战地产领域，经历了最坏的时代，但也参与了最好的时代，这或许是对他20多年创业生涯的最佳诠释。

然而，从一家小小的加油站起步，到如今经营涵盖石油零售、运输、地产等多个领域的大型集团公司，杨德成始终保持着一种纯粹、专注的态度。“徽商是有勇有谋的商帮、是有情有义的群体。在这个伟大的时代，徽商更要在市场中挺起腰杆，在经济发展中敢于担当。”

十年磨一剑

军人、农民、教师、砖窑厂厂长、加油站老板、地产商……贴在合肥玉成置业有限公司董事长杨德成身上的标签很多。

原本，在这些标签的堆叠下、在经历了商海浮沉中的种种险象环生后，一个仍能立于不败之地的成功商人应是棱角分明的，但已进入古稀之年的杨德成反而修炼得越发清净淡泊。

花甲之年转行再创业，十几年来负债数亿，面对种种不确定因素的冲击，杨德成用常人难以想象的坚忍和担当带领玉成置业冲出“牢笼”，沐浴时代的曙光。

乘着2016年合肥楼市井喷的东风，他打了一场漂亮的翻身仗。

地处我国南北分界线的江淮分水岭上，合肥卧龙山农业生态园距合肥市15公里，自然环境优越，卧龙山两山夹一湖，茶园、桃园、银杏园各具特色，野兔、山鸡穿越林间，石狮、石马、放云池、罗汉井景观奇特，共同组成一道亮丽的旅游风景线，是难得的避暑、养生胜地。

而位于卧龙山核心区的鹭山湖项目也日渐成形，占地4000亩的空间内，别墅度假区、农耕文化区、茶园种植区等休闲、文化娱乐场所组合得浑然天成。

随着合淮路改造升级完成，以及卧龙山度假区的进一步建设，如今的合肥北城再添休闲新去处，垂钓、登山、赏樱、露营……这也是离合肥主城最近的一处山水一体的度假区。

汇集来自瑶山、英山山麓丰沛的泉水，山水润城，人杰地灵，夏秋季节，上万只鹭鸟聚集，每一栋别墅均可观赏到原生态山水美景。一湖两山的自然景观，使群鹭临山而居，近水而栖，山水与鹭共生。卧龙山林木茂密，古迹众多，在主峰瑶山之上，旧有瑶英寺，“梵音与松涛相合，香火引八方信众”，放云池与牯牛涧等古迹典故颇多。为满足客户需要，度假区开辟了垂钓、茶园等休闲、文化娱乐设施，以满足客户在新、知、美、乐等方面的需求。得天独厚的自然优势，纯粹的天然氧吧，给予人们的身心自然的滋养。

历经十多年时间的打造，鹭山湖项目成了杨德成的得意之作。

十几年来，即使负债累累，他仍坚持搞好绿化、坚守品质。“在最没钱的时候，我借几个亿也一定要把绿化做好。现在，我们资金有了保障，

未来只会更加注重品质，将鹭山湖真正打造成独一无二的原生态休闲居住区。”

据安徽卧龙山生态园林开发有限公司总经理王群介绍，目前玉成置业包括房地产开发、物业管理服务、土石方工程施工等业务，现投资开发玉成明珠苑和鹭山湖两个项目。鹭山湖项目从社区规划入手，以山水为基础，以社区为脉络，用全方位的配套勾勒人与人的交集点，“我们希望在保护好鹭山湖生态环境的基础上，打造安全社区、森林社区、智慧社区、文明社区、和谐社区，实现桃花源式高品质都市生活的美好愿景”。

2016年8月，“蛰伏”了整整13年的鹭山湖项目终于迎来了“开门红”。二期共800套、200—400平方米低密度住宅甫一上市便火爆合肥全市，开盘当天便成功售出600多套。

初尝甜头，杨德成意欲趁热打铁，于两个月后再度开盘。

但令他始料未及的是，一纸“限价令”如一柄达摩克利斯之剑从天而降，限价令规定要到2018年1月才允许再度开盘，并且楼盘单价不准超过1万元/平方米。

“放眼合肥全市，这可能是最便宜的别墅了。”尽管在地产政策调控日趋收紧的当下，杨德成与身家暴增擦身而过，但比起2013年一期开盘时88户400—700平方米低密度住宅项目花了长达两年时间才售出33户的惨淡情景，如今的业绩已经令他相当满意了。

杨德成透露，作为玉成置业开发的地产项目，鹭山湖项目迄今为止累计销售额达15亿元，销售业绩的直线上升令他多年间的资金压力终于得到释放。

黯然商场

能够在资金环节一坚持就是十多年，除了银行借贷，为鹭山湖项目源源不断“输血”的多来自于杨德成多年所从事的石油运输、零售业务。

而转战地产领域，也是缘于这一行业的天花板，令他不得不放弃干了25年的事业。

成品油作为国民经济中的重要商品，从1950年至1985年的三十多年里，一直是由原商业部统购统销。其业务经营的重点主要是批发，且实行三级批发体制和“三固定”（固定批发环节、固定供应范围、固定倒扣率），作为零售环节的加油站数量很少。

时间追溯至1992年，随着改革开放的日渐推进，石油行业向民营企业敞开了大门。尤其是在进入门槛最低的零售环节，民企一度成为发展的主渠道。

当时，国内零售市场开始试验性开放，在成品油价格实行“双轨制”以后，由于经营成品油批零差价大、利润丰厚，社会各行各业和各种经济成分纷纷涉足加油站行业，导致加油站数量急剧增加，1993年甚至猛增到38000座左右。

公开数据显示，1992年到1999年期间，各地民营加油站、零售企业如雨后春笋般涌现。民营加油站接近8万座，占全国加油站总数的近九成，加油量则占六成。

在此情况下，国家开始注重对原油、成品油及加油站的管理，相关政策也在逐步完善，所制定的政策大多为企业准入资格、价格及税费、加油站建设规划等。

杨德成正是在民营油企的“黄金年代”抢占先机，进入石油零售行业的。

那一年，他45岁，原本已经过了创业的最佳年龄。但是，对曾经当过兵、教过书、干过砖窑厂厂长、开过轧钢厂的杨德成来说，丰富的人生经历已到了厚积薄发的时刻。

当时，他在一次偶然的机会中认识了在肥西县开加油站的一名福建商人，他的加油站刚一开张就火爆异常。

杨德成心中一动：外地人都能在安徽做得这么好，我们本地人为什么不可以？更何况，放眼整个长丰县，尚未有一家加油站存在，可谓一片蓝海。

越想越对这个生意的前景有信心，他四处奔走，成功联系了其他7名投资人，凑了9万元，一手创办了安徽省长丰县第一个民营股份合作制企业——土山加油站。

短短两年后，杨德成又通过股份合作制的形式吸收社会闲散资金，成立了合肥市顺达利工贸有限公司，采用共享利润、共担风险的管理模式，一连在合肥市及周边县区开设了大杨加油站、江淮加油站等4家加油站。

1998年以前，他旗下的5家加油站年销售量高达4.5万吨。除了保证油品的质量，土山加油站赢得顾客青睐的关键在于其前瞻性地采取了礼貌用语、端茶倒水等优质服务。

当时，在合淮路驾驶员圈内甚至广为流传着一种说法，“加油到土山，吃饭到曹庵”。

随着业务量越来越大，杨德成明白，仅仅在石油零售环节深耕，不打通产业链，顺达利工贸的天花板很快就会出现。

他始终在等待一个更上一层楼的机会。

直到原国家经贸委对民营企业放开石油成品油批发经营权，杨德成才开始倾尽全力进入批发领域。

四处找地建油库、申报材料……尽管得悉这个消息时比别人整整晚了半年，但他仍然在材料递交的截止日期当天顺利走完了所有流程。

放眼整个安徽，当时拿到批发证书的仅有5家企业，顺达利就是其中一家。但在实际运营中，杨德成才发现石油批发并没有想象中容易。“至少一万吨的石油存储量势必会占据巨大的资金量，没有五六个亿流动资金根本无法周转过来。”

雪上加霜的是，此时国家政策突变，令他原本红火的石油零售事业戛然而止。

从1994年国家对原油、成品油价格体制进行改革，到1998 年组建了中国石油、中国石化两大集团，国内的加油站市场发生了翻天覆地的变化。

1998年之前，中国的石油业为分业经营，中国石油天然气总公司负责陆地原油的勘探与生产，中国海洋石油总公司负责海上原油的勘探与生产，中国石油化工总公司负责原油的炼制与化工，中国化工进出口总公司独家整合石油进出口贸易，而下游的批发零售环节主要由非国有企业掌控。

1998年3月，国务院宣布重组石油工业，变分业经营为混业经营，组建两大全产业链的石油巨头——中国石油天然气集团公司和中国石油化工集团公司。重组后，中石油、中石化分别获得北方12省、南方19省的油气资源勘探开采业务，同时获得了各自所在省份的炼油、批发、零售等中下游业务和进出口经营权，全产业链整合自此形成。

两大集团成立后，双方通过收购、新建等方式，以统一加油站视觉形象为切入点，很快将原各自辖区内省市石油公司自成体系、分散经营的加油站集结成为全国两个最大的销售网络。加油站的数量、管理体制、经营规模、企业形象力和市场竞争力都有了很大提高。

不仅如此，1999年5月，国务院办公厅转发经贸委等八部门的“38号文”成为两大集团整合下游的政策依据。

该文件规定，国内各炼油厂生产的成品油要全部交由两大石油集团的批发企业经营，其他企业、单位不得批发经营，各炼油厂一律不得自销。文件同时要求清理整顿、取消不具备条件的批发企业的经营资格。经清理整顿合格的成品油批发企业，可由两大石油集团采取划转、联营、参股、收购等方式进行重组。

换句话说，除了两大集团之外，独立的成品油批发企业步履维艰。坐拥成品油经营批发权的杨德成正是被政策大门排除在外的典型。

眼看着昔日运营良好的民营加油站或自行关闭、或投入两大石油集团的怀抱，饶是再淡定，此时的杨德成也坐不住了。

几经辗转，他顺利地与当时位于江苏省江阴市的中石油江苏总部达成合作意向，并签订协议，由顺达利工贸负责中石油安徽市场的批发与零售。

2000年，中石油计划向安徽市场扩张，并在省内四处收购加油站、购买油库。不到两年时间，两大石油集团以惊人的速度整合着石油市场。

似乎感到一丝唇亡齿寒的危机，杨德成计划将自己的油库、批发证转给中石油安徽分公司，作为交换，中石油将合肥、安庆、芜湖等地的石油运输业务交给顺达利工贸。

这个“双赢”的建议迅速得到了中石油的肯定，双方一拍即合，华润船运有限责任公司应运而生。

既保留加油站的零售业务，又向运输领域转移，杨德成化险为夷，主动扭转了被动局面。

但是市场的冷酷并没有因为他的退让而有所改变。

一方面，失去了批发权的顺达利工贸只能从两大石油集团获取油源；另一方面，为了进一步向零售市场扩张，手握批发权的中石油、中石化纷纷开启了“批零倒挂”的销售模式。

几乎一夜之间，成品油的批发价格从1000元/吨上涨到4000元/吨，比零售价格还高。杨德成回忆到，仅大杨加油站一家，两个月内就亏损了近200万元，并且在这种价格混战中，销售得越多亏得越多。

“经营不下去了，不如关了它。”如果说关闭加油站对杨德成来说是

无奈之举，那么转战地产业则为他在商海“迷雾”中指明了方向。

十年不开张

2003年，从石油零售行业撤退之后，杨德成踏上了回乡投资的路程，并吸引了上海宁申石油化工有限公司与其共同开发合肥卧龙山项目。

据他回忆，当时的卧龙山还是一座不知名的小土山，土地贫瘠、寸草不生。之所以取这个名字，是希望它能够像酣睡的卧龙一般，当我们带着智慧、资源来激活它时，它就能被唤醒腾飞。

后来，他也偶尔会心生感慨：“正如天将降大任于斯人也，卧龙腾飞之路同样充满荆棘。”

从拿地开始，杨德成就遭遇了第一道坎儿。2003年12月，杨德成从政府租来4000亩地，准备打造高尔夫球场。

但就在资金、团队全部到位的当口，项目却最终没有被批复下来。相关部门给出的理由是：距离此地约18公里、20分钟车程的地段，元一高尔夫俱乐部早已扎根多年。两者距离太近，势必会因为同行业竞争导致两败俱伤。

无奈之下，杨德成只好向住宅地产进军。也是自那时起，他就为卧龙山定下了打造优质居住环境的基调。

此后，他花了整整一年时间，一边为98户当地居民解决拆迁问题，一边改善环境。

从合肥市各个建筑工地将土运至卧龙山并填埋足足2米深、购置树苗上百万棵……玉成置业累计花费了上亿元。

众所周知，环境的改造无法立竿见影，收益自然也是如此，杨德成显然也深谙这个道理。但他始终坚信一个道理：做生意切忌急功近利，而要耐得住寂寞。

经过三年的日积月累，杨德成像磨铁杵一样将这片曾经连草都不长的土地磨砺成一片“绿洲”，生态环境绝佳，空气怡人。

“是时候在自己栽的树下乘凉了。”杨德成这样想，却浑然未觉再度降临的危机。

由于卧龙山住宅开发项目未能得到政府层面的批复，这一搁置又是三年。

直到2009年，一纸批文到达杨德成的手里，他不由感慨，整整六年，自己这个“媳妇终于熬成婆”了。

彼时，玉成置业给鹭山湖项目的定位是聚焦改善型住房，打破城市密集住宅的缺陷，打造低密度住宅。

2013年，鹭山湖一期开盘，总共88套400—700平方米低密度住宅惊艳亮相合肥，吸引了一大批买房者前来看房。

杨德成原本天真地以为，十年的坚守终于迎来收获期。但不久之后他就意识到，这仅仅是一个开始。

对他来说，比起鹭山湖一期开盘，此前那些艰难险阻根本就算不了什么。

通往鹭山湖唯一道路的合淮路尚未改造、坚持定位超大面积决策却无人问津、资金链时刻面临断裂却始终找不到接盘侠……到底谁才是险些压垮鹭山湖项目的罪魁祸首？

首先，在实际销售过程中，杨德成发现，面积越大的户型越难销售，最终卖出去的都是小面积的户型。顾客甚至普遍反映，虽然单价不贵，但由于面积太大，总价依然超过了他们可承受的范围。

“包括我在内，4个股东在项目启动前全部都调研了北上广深一线

城市的各大低密度住宅项目，普遍都是大面积。虽然最后有两个股东反对，但我依然坚信，向一线城市看齐准没错。”这个他曾力排众议作出的决策如今被证明是错误的，作为玉成置业的决策者，杨德成第一次对自己的坚持产生了怀疑。

更为重要的是，尽管在小区环境、户型、质量等方面，鹭山湖占尽优势，但在许多有意向的购房者眼中，在交通条件极不便利的前提下，这些优势并没有给鹭山湖加分。

“下次再也不来了，路太难走了”“车开不好就容易掉沟里去了”……客户的种种反馈让杨德成有些心灰意冷。

彼时，通往鹭山湖的必经之路合淮路是合肥市出了名的“搓板路”，

由于多年间交通量较为集中，道路损坏严重，通行能力受限，存在较大安全隐患。

受这些不利因素的影响，在此后整整两年内，一期仅销售了33套。

此前投入的资金尚未看到回笼，向银行借贷的高达3亿元的资金窟窿却务必要填上。面对巨大的资金压力，股东们商议，这样无止境地借贷而看不到回报并非长久之计，资金链迟早会有断裂的一天，当务之急是引入其他知名地产商，对鹭山湖项目进行重组或托管。

数月内，杨德成及其团队先后向万科、绿地等四五家全国知名地产商抛出橄榄枝，但是受限于交通条件，接盘侠们纷纷拒绝了此次合作。

“一旦倒下去，就很难再爬起来，因此即便再困难也要坚持下去。”杨德成很庆幸，自己最终做到了。

尽管股东们纷纷提出应该停止追加投资建设鹭山湖项目，及时止损，但杨德成始终坚信，只要合淮路能修好，鹭山湖就有翻身的机会。不仅如此，届时，鹭山湖将成为离合肥主城最近的山水一体的休闲度假区和低密度高端住宅区。

几近弹尽粮绝之际，2015年，终于迎来了合淮路改造工程，这对杨德成来说就像是一场及时雨，下得恰到好处。

做地产要创造需求、引导消费

随着鹭山湖项目三期的开盘，他已蓄势待发，计划将鹭山湖项目打造成安徽旅游地产界的标杆。

约6万平方米总建筑面积、5.2万平方米湖景洋房、8000平方米L形临湖别墅……杨德成设想，依山傍水的鹭山湖三期能够在4000亩湖山、500亩湖泊之上，实现合肥人“可行、可望、可居、可游”的山水生活理想。

在他看来，品质居住环境既要有乡村生活的原始生态，又要不乏都市生活的便捷繁华。基于此，环境、配套、服务三张王牌缺一不可。

“环境是亮点，配套是支撑，服务是保障。”他介绍道。一方面，打造优质生态环境是玉成置业永恒的主题。十多年间，玉成置业累计投资上亿元种植上百万棵树木，在合肥的北大门外凭空造成一座包含两山一湖的“世外桃源”。另一方面，要继续在配套设施建设、服务业主方面做好文章。

为此，他提出了“创造需求、引导消费”的概念。“鹭山湖项目属于改善型住房，其受众群体多为至少拥有两套房产的中产以上消费者。围绕他们的生活理念和痛点，我们创造了一系列需求产品，为住户打造一个生活闭环。”

如拥有酒店式服务的业主食堂，关注休闲生活的健身房、图书馆、商业街、儿童乐园，具备完善基础设施建设的学校、社区医院，符合旅游生态的植物园、樱花观赏道、草坪婚礼广场……鹭山湖的配套设施将为业主提供桃花源式品质住房环境。

此外，杨德成还表示，鹭山湖项目自启动以来，始终坚持不求开发数量，只求开发质量的原则，并以安全社区、森林社区、智慧社区、文明社区和和谐社区五大理念为宗旨，打造人情味社区，实现“山美、水美、人更美”的居住理想。

尽管当下中国的房地产市场行业分化加剧，品牌集中度进一步提高，竞争环境日趋激烈，土地成本趋高、高端人才缺乏、宏观政策调控趋紧等行业困境丛生，但面对瞬息万变的行业环境，杨德成却始终不动声色。“无论市场如何变化，我们坚持创新思维，贴近市场，以科学研究市场为导向，围绕中国城镇化的全面推进和人们对房地产的不同需求设计不同的产品。”

从心系民生到关注人居梦想，在十余载的征程里，杨德成不仅强调居住的本质，更为居住者打造自然的生活环境。“我们不断更新对建筑的理解，同时积淀居住文化，成就了可以擎起深度关怀人居梦想的‘诗意栖居’。”

基于此，玉成置业既要继续完善现有项目的产品及相关配套设施，优化环境，做好服务来提升居住品质，也要强化人才战略，加强项目的运营管理能力。

在玉成置业，员工是企业最重要的资源，而倾听是领导者与员工沟通的桥梁。杨德成鼓励每一位员工对公司的发展提出不同的意见，他重视集体的力量，信任并尊重每一位员工。“我们依靠企业员工的智慧和努力不断壮大，我们也相信只有兼听则明，才能够在激烈的竞争中创新发展，激流勇进。”

对于玉成置业的所有员工，杨德成要求他们一致秉持专心、专注的品质。“专心，是对顾客负责的精神。我们注重特色，专心于以人为本、以客为先。我们始终坚信，销售不是终点，服务从心开始。专注，是一种更加注重建筑与人和谐共存的精神。我们致力于把人的感受作为我们的标准，把建筑作为我们所完成的艺术作品，精研细磨，艰苦历练，缔造出永恒价值。我们始终坚守，专注于建筑格调与人居梦想的和谐融入，就是玉成置业永恒不变的无上追求。”

此外，他认为，只有捕捉市场信息、洞察市场趋势才能使企业立于不败之地。“未来一二线城市房地产风口或将发生转向，创新能力强和可持续城市仍然继续备受地产业青睐。”

助力产业脱贫

在企业发展的同时，杨德成始终没有忘记积极支持社会公益事业。

2002年的洪水灾害中，他积极带头向灾区人民捐款；他也曾在“非典”时期主动向社会捐款，为国家、为社会分忧解难。他一直坚持对教育事业的支持，每年都向光彩小学捐款，也从未间断对家乡的回馈，无偿为家乡修建道路、架设电线……

2018年初，他又投资了长丰县当地一家农产品加工项目，通过产业带动效应为家乡的脱贫攻坚工作添砖加瓦。

在一个近2000平方米的车间里，一筐一筐青刀豆被倒入切尾机进行头尾修剪，再被传送至挑拣平台进行人工挑拣，随后，这些被“选中”的优质青刀豆经由两轮清洗、烫漂、速冻、包装、冷藏等工序，再通过48小时运输出口日本、韩国的各大超市，呈现在消费者面前……

这一畅销国际的速冻青刀豆正是由杨德成所投资的安徽荣丰食品加工有限公司生产出品的。不仅如此，油菜花、青刀豆、南瓜、山芋、萝卜——一年到头，安徽荣丰食品加工有限公司按照时令生产加工速冻蔬菜的节奏完全停不下来。

杨德成提供的数据显示，截至目前，荣丰食品年产速冻蔬菜近4000吨，涉及蔬菜品种5大类20多个品种30多个系列，年产值达3000万元，90%出口韩国、日本等国家。

做到这样的成绩，荣丰食品仅仅花了5年时间。而安徽荣丰食品加工有限公司总经理孙尚荣在这5年间的经历也是最为打动杨德成的地方。

2013年，经过朋友介绍，孙尚荣接触到速冻蔬菜这一领域。原本对

速冻蔬菜有着误解的他也渐渐发现了其中的商机。

“许多人对速冻蔬菜存在认识上的误区，认为速冻蔬菜营养大量流失。我也是如此。”但是在实际调研过程中，他发现，速冻蔬菜和新鲜蔬菜一样有营养，甚至营养价值更高。

这是因为速冻蔬菜的原料要求比较高，必须是品质优良、成熟度适宜、大小长短均匀、无病虫害、无污染的产品，而且收获后要求不浸水、不捆扎、不重叠受压并及时运输，从采收到速冻，视品种的不同控制在4—10小时以内，从而保证了原料的新鲜度。速冻后的蔬菜一直控制在-18℃以下的低温环境中，其内部的各种生化反应也受到抑制，甚至速冻运输中也不会使蔬菜中的营养流失。

了解了这一情况之后，孙尚荣毅然决定进军这一行业，并建立了自己的种植基地，以获得数量、质量稳定有保障的蔬菜原料。“建设基地的好处在于统一化、标准化生产，保证了产品的质量，譬如我们种植什么品种、用什么肥料、农残要控制在什么范围内，都有标准可寻。”

他透露，截至2018年中旬，建设种植基地1.5万亩，其中山芋基地0.8万亩、南瓜基地0.5万亩、其他基地0.2万亩，主要辐射周边的吴山镇、陶楼镇、双墩镇、杨庙镇及寿县的刘岗镇，同时在山东、江西、江苏、浙江、哈尔滨等省市也有相应的原料资源供应。另外，荣丰食品通过流转土地建设2.2万平方米温室连栋大棚，主要用于基地育苗。

与此同时，作为合肥市农业产业化龙头企业，安徽荣丰食品加工有限公司通过组织农民种植、加工蔬菜，不仅增加了农民收入、拓宽了农民就业渠道，还对农业产业发展和改革起到了积极示范作用，企业自身也成为长丰县带领农民致富的典范，为当地农业产业发展树起一面旗帜。

“我们合作的农民80%都是贫困户，这在一定程度上也实现了产业扶贫。”孙尚荣表示。因此，在当地，农民们都亲切地称他为“老孙”。

未来，为了进一步帮助农民脱贫致富、打响安徽荣丰食品的品牌知名度，杨德成和孙尚荣还计划将产能进一步扩大至5万吨，建立标准化生产基地，并向内销市场发起全面进攻。

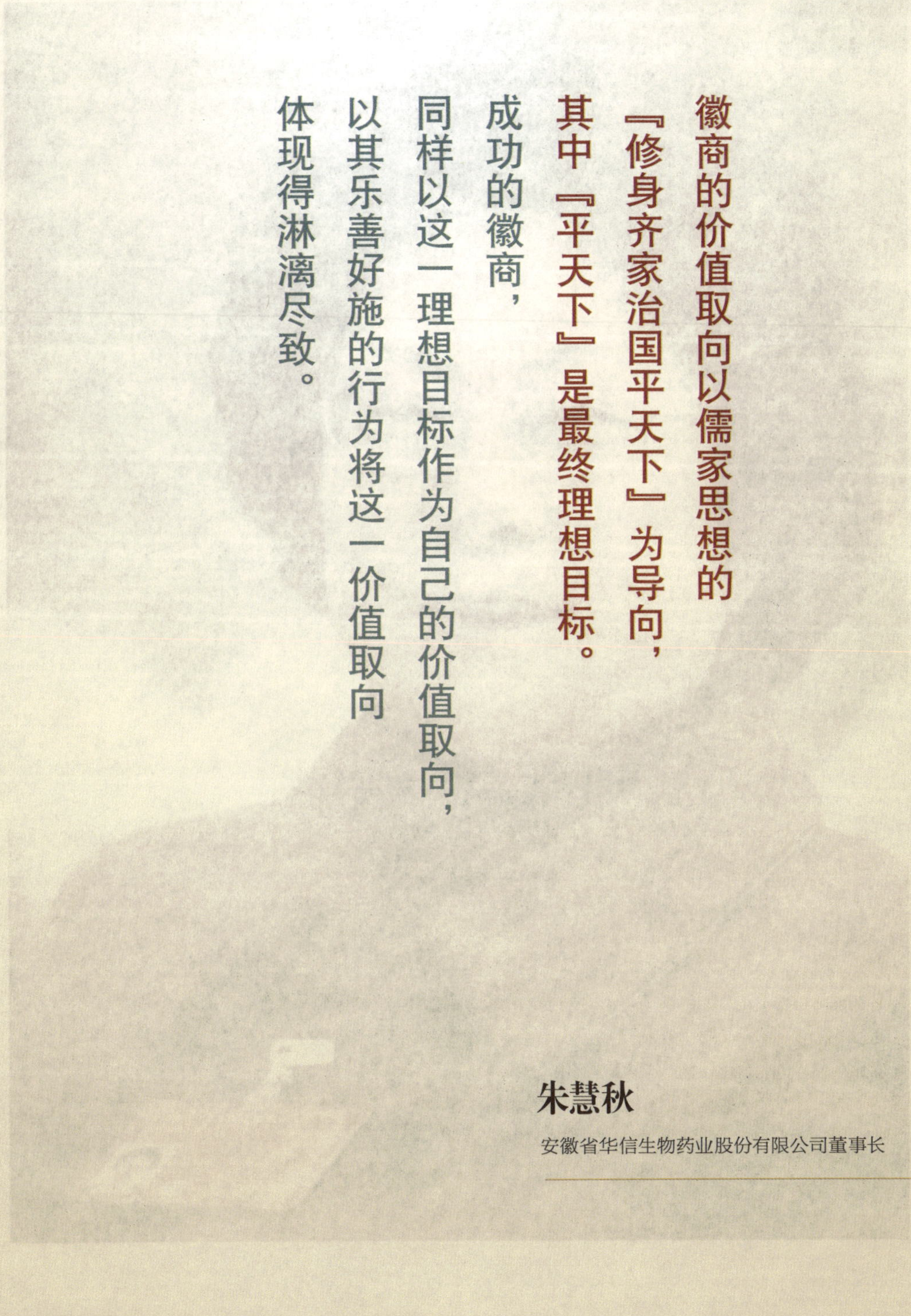

徽商的价值取向以儒家思想的『修身齐家治国平天下』为导向，其中『平天下』是最终理想目标。

成功的徽商，同样以这一理想目标作为自己的价值取向，以其乐善好施的行为将这一价值取向体现得淋漓尽致。

朱慧秋

安徽省华信生物药业股份有限公司董事长

朱慧秋
业以“硒”为贵

文/苏　文

说起保健品，很多人对其都不陌生，对一些产品更是耳熟能详。这其中最为经典的便是著名徽商史玉柱的脑白金系列和徽商朱慧秋打造的北大富硒康系列，它们甚至成为了引领中国保健品产业发展的风向标。

1994年，朱慧秋终于促成了安徽省华信生物药业股份有限公司与北京大学之间的合作，将“北大富硒酵母技术”转化成生产力，开创了中国硒酵母工业化生产的先河，北大富硒康从实验室走进了寻常百姓家，比脑白金问世还早了三年。

二十多年来，北大富硒康成了家喻户晓的知名品牌，它打破了保健品生命周期短暂的魔咒，成为保健品界的一棵“常青树”。多年来，北大富硒康风靡全国经久不衰，开拓出中国硒产业的一片天地。早在20世纪80年代就是皖北明珠的安徽省华信生物药业股份有限公司，也成为了安徽民营企业的一个传奇。

时任北京大学校长周其凤院士亲切会见参加北京大学112周年校庆庆典活动的朱慧秋

安徽省华信生物药业股份有限公司董事长朱慧秋，这位优雅大方、嘴角总是荡漾着质朴微笑的老太太，在她一手缔造的硒王国里，堪称女王。

创业艰辛，但女企业家们坚毅的创业决心丝毫不输男企业家。“其实我们在经济大潮中打拼，没有人会因为你是女人而放低对你的要求，放低对你所从事的工作标准的要求，放低对你的产品质量的要求。相反，作为一个女性，我们要承担的事情比男性还要多一些，想做点事情更不容易。正因如此，我时时提醒自己，事业没有尽头，必须与时俱进。”提及创业之路上的荆棘与坎坷，朱慧秋深有体会。

2017年，上海盘古资本对华信药业估值注资，共同筹谋进入资本市场。

2019年，朱慧秋依然在奋斗。

2019年，她已经75岁了。

朱慧秋其人：“雌雄同体” 坚强温柔着

朱慧秋，出生于20世纪40年代。

1982年，在当时的阜阳地区界首县，朱慧秋带领约30名城镇待业青年创办了皖西北第一家民营企业——锦华副食品厂。

创业之初，为形成自己的产品优势，她北上长春、南下杭州，向研究大豆的专家、教授求教，学习大豆深加工知识。经过反复试验和艰难探索，他们终于生产出了属于自己创新品牌的植物蛋白肉。

曾经有位女企业家总结说，成功的女企业家都是“雌雄同体”，即她们不仅拥有一颗柔美女人心，同时也一定具有男性刚毅的品质。商业女性这种刚柔并济的特质在朱慧秋身上体现得颇为透彻。

创业第一年，在临近春节时，发往西南各省的上千件货堆放在漯河火车站走不掉。当时，朱慧秋正好生病在医院输液，听到这个消息后，她心急如焚，当天晚上就坐了六七个小时的长途汽车赶到漯河，经过两

在世界硒蛋白硒制剂发展追踪软科学研究项目签约现场，时任北京大学生命科学学院院长丁明孝（前排左）与华信药业股份有限公司总经理杨思林（前排右）亲切握手

时任北京大学党委书记朱善璐亲切会见参加北京大学115周年校庆庆典活动的朱慧秋

朱慧秋在北京大学生命科学学院遗传与发育实验室聆听时任院长丁明孝教授关于转基因研究的介绍

时任北京大学校长许智宏为朱慧秋颁发“北京大学校友工作贡献奖”

天的软磨硬泡，终于以真情感动了相关负责人。当朱慧秋打电话通知这个好消息时，厂里的工人们流下了激动的泪水，电话两头哭声一片。“那时我的眼泪里不仅有委屈，同时也有着坚强。正是凭着这股坚强，我才能一路走到今天。”朱慧秋如是说。

为了能使企业的产品在市场上占有一席之地，朱慧秋不辞辛苦、不断努力和拼搏，几乎跑遍了大半个中国。市场的大门终于被打开，从此，企业的发展如虎添翼，并很快成为界首市经济发展的领头羊。

成功后的朱慧秋居安思危，并未就此满足。她要为企业的长足发展寻找契机和出路。功夫不负有心人，机遇来了。1994年，中央电视台播放了一条重要的科技新闻，北京大学生命科学院的一批教授，利用现代生物技术，成功研制出具备当时国际先进水平的富硒蛋白技术。把不利于人体吸收的无机硒转化为对人体有利、抗衰老的有机硒，这一重大科研成果让朱慧秋欣喜不已，也使她萌发了发展生物医药的念头。朱慧秋果敢地决定，要依靠科技改变企业命运。

随后，朱慧秋三上北京，寻求与北大合作。精诚所至，金石为开。尽管当时她的厂子还名不见经传，但北大专家们被她的坚持和真诚所打动，最终实现了合作。在双方的共同努力下，生物保健品富硒康口服液问世，解决了“世界性人体补硒难题”。

“一个没有资本和技术储备的民营企业，要生产出高科技的生物技术产品，在当时看来几乎是天方夜谭。但是我却坚信这个产品一定有市场。”带着这种信念，朱慧秋一干就是20多年。

华信药业已与北京大学、中科院微生物所、中国药科大学等多家科研院所达成合作，开发了富硒康、雪源康、硒酵母胶囊等多个高科技产品，在生物与新医药技术领域积累了丰富的研发和产业化经验。

1994年，对于朱慧秋和她的企业来说都是具有里程碑意义的一年，这一年企业跻身生物制药行业；而朱慧秋用她的巧手推动了企业的华丽转身，实现了跨越发展的奇迹般嬗变。

朱慧秋始终坚持科技为本的理念，不断加快企业的创新步伐。20年前，华信药业志存高远，以生物制药为切入点，迈出了产业转型的第一步。20年后的今天，北大富硒康的持续畅销让华信药业声名鹊起，成为全国家喻户晓的知名企业。

“做药做的是良心和诚信，做企业的人一定要讲社会责任。”20多年来，朱慧秋先后被授予“全国劳动模范”“全国‘三八红旗手’”“中国十大女杰”“全国‘五一’劳动奖章”等荣誉称号。她也先后当选为第十届、十一届全国人大代表，华信药业在她的带领下，被授予安徽省高新技术企业称号，并获得安徽省质量奖、全国守合同重信用企业、全国创新型企业等荣誉。

为顺应大健康产业发展趋势，安徽省华信生物药业股份有限公司决定在界首市高新区东城工业园建设安徽华信生物医药健康产业园，把最新的科研成果和30多项发明专利转化成高附加值的医药营养保健品。华信生物医药健康产业园的项目负责人介绍说：“项目建成后，将形成年产6000吨抗肿瘤生物硒蛋白肽及年产6亿片利塞膦酸钠的生产能力，年产值新增50亿元，利税突破10亿元大关。同时，我们还将把生物医药健康产业园打造成为一个智能化、信息化、生态化和现代化的工业旅游工厂。”

据了解，安徽华信生物医药健康产业园总占地面积215亩，总投资12.6亿元，自2016年7月16日开工以来，各项建设稳步推进，项目全部建成后将成为“国内最大的硒产业基地”。

富硒康之路：出身名门　产学研典范

2018年9月26日，“硒蛋白、硒制剂发展追踪软科学研究”十周年研讨会暨“华信药业生命科学发展基金”签约仪式在华信药业合肥运营中心召开。

身着银灰色缠枝纹中式改良西服的朱慧秋与北京大学生命科学学院院长、著名肿瘤学家吴虹这对老友互相致意，并郑重签约，以期未来双方有更多更深入的合作。

自1994年朱慧秋踏进北京大学校门起，20多年来，朱慧秋已经记不清这是多少次与北京大学生命科学学院牵手了。只是那时候，她未曾预料到这辈子注定与北京大学有缘，与硒产业结缘。

从2008年起，北京大学生命科学学院就和安徽华信生物药业股份有限公司开展了“硒蛋白、硒制剂发展追踪软科学项目研究”。通过追踪世界硒蛋白、硒制剂基础研究和应用研究，为企业决策、生产、经营和管理提供科学依据和理论支撑。

10年后，华信药业与北京大学生命科学学院又签约设立了“华信生命科学发展基金”。华信药业生命科学发展基金的设立更有助于北京大学生命科学学院生命科学的研究和发展，同时，华信药业也将目光投向世界硒产业的前沿。

二十年如一日，感恩北大，回馈社会。朱慧秋不仅在北京大学生命科学学院设立教育基金，每年从企业经营收入中拿出部分资金资助学院教学工作，也把北京大学生命科学学院当作华信药业的“亲戚”，经常串门，交流学习。同时，朱慧秋每年还在北京大学开展“梦飞燕园”公

2018年9月，朱慧秋与北京大学生命科学学院院长吴虹签约“生命科学发展基金”项目

2017年1月，朱慧秋访问北京大学并与北京大学生命科学学院院长吴虹亲切交谈

2016年7月，华信药业215亩现代化医药健康产业园开工

2018年9月，北京大学生命科学学院专家一行考察华信药业生产情况

2018年9月，北京大学生命科学学院院长吴虹、书记刘德英考察华信

益活动，资助安徽省考上北京大学的、家庭有一定经济困难的学生。

2018年5月4日，北京大学迎来120周年校庆。作为将硒在生命科学中研究和应用作出开创性贡献的北大校友，华信药业董事长朱慧秋女士受邀参加校庆活动。

北京大学先后授予朱慧秋“北京大学生命科学科研成果转化突出贡献奖”“北京大学教育工作贡献奖”“北京大学校友工作贡献奖”及“北大名誉校友”“优秀校友”等奖项和荣誉称号。

华信药业与北京大学等国内知名高校的合作被传为佳话，成为国内产学研合作的典范，并逐渐成长为一家领军行业发展的高新技术企业。2018年，华信药业共有安徽省名牌产品3个、安徽省著名商标2个、发明

时任北大生科院常务副院长许崇任教授（前排右一）、时任北大校友会副秘书长张向英（前排左一）为朱慧秋颁发"北京大学生命科学科研成果转化突出贡献奖"

2016年4月，朱慧秋和公司顾问、硒研究专家华岩看望中国硒研究第一人徐辉碧教授

专利5项、外观及实用新型专利32项，总资产达7.3 亿元。2016年销售总额为4.235亿元人民币，2017年销售总额为4.762亿元人民币，2018年销售总额为5.186亿元人民币。

近三年来，富硒康等富硒产品的产量、产值在新型微量元素保健食品行业中均排名全国第一。

华信“三步走”：独辟“硒”径　健康服务专家

众所周知，传统民营企业有其自身的不足和短板，唯有不断创新才能在商场上立于不败之地。作为国内唯一采用北京大学技术生产富硒产品的企业，也是国内唯一有两个院士参与硒项目研发的企业，华信药业瞄准硒产业，开启新时代下的产业布局。

首先，华信药业提出“三步走”战略：第一步成为硒领域的领导者与标杆；第二步成为以硒为主的微量元素专家；第三步成为以硒为主的微量元素与微生物的健康服务专家。

北大富硒康上市20多年来，由于市场需求和消费人群不断扩大，在芜湖高新技术开发区、界首高新技术开发区先后建立了三个大型的现代化生产工业园。为进一步研究、开发硒的功能，把硒产业项目做深做透，华信药业还与北京大学医学部王夔教授、深圳大学生命科学学院倪嘉瓒教授合作，开展硒防治动脉血管硬化、阿尔茨海默症作用机理的研究；与北大生科院开展“硒蛋白、硒西制剂发展追踪软科学研究”，出版硒元素研究专著《硒·生命的营养素》；与华中科技大学徐辉碧教授团队合作，成功研发“富硒小肽”，拓宽硒元素的应用领域；2017年9月，为深入探索硒酵母防治阿尔茨海默症的作用，华信药业在前期获得研

朱慧秋帮助出国劳务受骗人员

朱慧秋为雅安灾区捐款

华信药业连续20多年开展“梦飞燕园”公益活动，资助北大学子

究成果的基础上，联合深圳大学倪嘉缵院士团队，共建华信药业院士专家工作站,为华信深耕硒产业搭建高层次科研创新平台。

华信药业院士专家工作站的成立，对于华信药业的发展具有里程碑意义。工作站将有力地推动华信药业的科研工作再上新台阶，进一步提升企业服务社会的整体能力和综合水平。这标志着华信药业在进一步推进产学研用、高端人才引进、重大项目开发、科技人才培育、科技合作交流和成果转化等方面有了更高的平台。

2017年8月中旬，第十一届硒与生物学和医学国际研讨会暨第五届硒与环境和人体健康国际会议，在瑞典首都斯德哥尔摩成功举行。恰逢硒元素被发现200周年，此次会议吸引了全球多国硒领域的科研机构、专家学者、硒产业代表参与。在这场硒研究的国际权威学术会议上，来自中国的声音备受关注，华信药业是其中的优秀代表。

2018年10月21日，朱慧秋受中央电视台《品牌力量》栏目组邀请拍摄，一同宣传中国品牌匠心精神，讲述中国硒产业领域健康品牌的匠心之路、发展之路。其实华信药业早在20多年前，就坚持在全国各地开展硒与健康科普讲座和富硒资源环境调查。2013年，由华信药业独家赞助的“硒与健康慢病防治大讲堂”在江苏、浙江、安徽三省举办，让硒产业更贴近消费者。

其次，进行战略重组和深度改革。2017年，华信药业进行体制改革，提出“219”战略，即依托界首市、芜湖市两大生产基地，“硒博士”平台公司和苏、浙、皖、粤、吉九家销售子公司及相关苗木、园林产业和农贸市场，实行集团公司化运营。

界首生产基地于2002年被批准为国家高科技民营制药企业，现有保健品、药品、健康食品四十多个。芜湖生产基地为国家GMP认证企业，现有新药三个，在研产品三十余款，其中硒酵母胶囊被纳入2009年国家基本医疗保险药品目录。

“硒博士”平台公司是集团全资子公司，是专业为消费者提供健康管理、健康产品、健康咨询和健康服务的健康管理服务平台，首创以硒为特色的系列“硒+”健康组合方案，为不同群体的消费者提供更有针对性的健康方案，依托直营连锁、话务、招商、新媒体运营等平台，建立了一整套成熟的“混合营销”体系。

2018年华信药业因地制宜推进经销改革。针对集团旗下九家销售子公司，加快外围区域的招商，集中优势资源增强品牌辐射，依托“硒博士”平台等新渠道，完善客户服务职能，充分调动经销商的积极性，提高市场人均产值和效能，真正做到百花齐放、百家争鸣。

这次战略机构重组调整，是华信药业实现从民企向现代化大型企业蝶变的机制保障，更是新华信为更长远目标而进行的大胆尝试。在华信人的追求中，要做的是“百亿企业、百年老店”。

如今，华信药业已成长为一家领军行业发展的高新技术企业、产学研示范单位和国家级创新型企业。企业以生物技术为主导，不断加大科技创新投入，增强创新能力——与北京大学再度合作，进行“天然小分子”抗癌药物研发；与合肥工业大学合作开展的特种生物资源霍山石斛胚胎快繁技术研究，已被纳入国家“863计划”……

企业家的担当：赠人玫瑰　手有余香

“人这一辈子，比金钱重要的事情太多啦，社会给了我莫大的荣誉，我们就要以更好的产品回报顾客，就要在有能力的情况下，多参与社会公益事业，回馈社会。”朱慧秋质朴的话语背后，传递的是徽商情怀和徽商担当。

徽商的价值取向以儒家思想的“修身齐家治国平天下”为导向，其中“平天下”是最终理想目标。成功的徽商，同样以这一理想目标作为自己的价值取向，以其乐善好施的行为将这一价值取向体现得淋漓尽致。

作为一家开拓创新的民营企业，华信药业怀着对桑梓故里的深情，饮水思源，多年来坚持为家乡作出力所能及的贡献，大力开展社会公益和慈善事业。

2018年8月29日，2018“华信梦飞燕园之夜”江淮迎新晚会在北京大学西门外锡华商务酒店举行。安徽省华信生物药业股份有限公司董事长朱慧秋、北京大学安徽校友会会长蔡木森、北京大学教育基金会领导与来自安徽的100多名2018级北京大学新生参加交流晚会。

在晚会上，北京大学安徽校友会会长蔡木森介绍，华信药业自1998

2008年，时任北京大学生命科学学院院长饶毅向朱慧秋颁发校友证书

2008年3月，北京大学校友返校座谈会上，朱慧秋与时任北京大学党委书记闵维方合影

北京大学120周年校庆，朱慧秋与北京大学生命科学学院院长吴虹、原党委书记许崇任及硒研究专家华岩合影

朱慧秋受邀参加北京大学120周年校庆活动

年举办“梦飞燕园”公益活动以来，已累计资助大学生900人，投入资助资金近千万元。他认为，华信药业21年的坚持是对公益的传承，也是一种最好的教育。

21年来，“梦飞燕园”从过去形式单一的捐资助学转到“全面成长支持”，“华信英才奖”的设立，为安徽北大学子的成长提供了更全面支持。同时，“华信英才奖”的设立，不仅仅是华信药业服务社会、回馈社会迈出的新步伐，更是校企联合、公益活动模式转变的重要一步。

朱慧秋一直坚持并以实际行动践行的理念就是：公司的发展离不开社会力量的支持。同样，社会慈善事业的发展，也需要众多有责任心的企业的共同参与。正所谓“众人拾柴火焰高”，只有如此，才能做到社会和谐，企业与社会共同发展、共同进步。

朱慧秋还非常关心儿童少年发展事业。自1998年起，她每年拿出50万元资金，积极资助因家境贫困而上不起学的孩子。2011年8月25日，由安徽省儿童少年基金会主办的“爱心成才行动”捐助仪式在合肥举行，仪式上，朱慧秋向安徽省儿基会捐款30万元，以帮助新考入大学的家庭贫困女大学生完成她们的人生梦想。对这些贫困学子们来说，贫困意味着辍学，意味着她们与人生理想失之交臂。而朱慧秋的援助就像黑夜里的一

华信药业
HUA XIN PHARMACEUTICAL

华信药业用现代高科技培育出名贵中药——石斛

公司内优美的环境

在建产业园鸟瞰效果图

华信药业厂区

盏明灯，照亮了她们继续前行的道路。

朱慧秋作为全国人大代表及安徽省儿童少年基金会理事，她积极参与省儿基会和省妇联的各项慈善活动，十分重视教育的发展。她不仅仅通过捐助解决贫困学子所面临的物质问题，还鼓励受助学子们树立战胜困难的勇气和信心，帮助贫困学子坚定内心世界，树立正确的人生观和价值观。

2003年，“非典”肆虐，朱慧秋第一时间给奋战在抗击“非典”第一线的医护工作者送去了价值100万元的提高免疫力的产品，对他们给予关心、帮助、支持和鼓励；2008年5月12日，朱慧秋号召公司全体员工为汶川捐款，短短4天便筹得善款40余万元，为汶川灾区救灾工作作出贡献。

创造财富，是企业家精神的本分；造福社会，是企业家精神的升华。朱慧秋将硒产业做大做强，既创造了财富，又以千万财物和无限关爱回报社会，彰显了一个民营企业家的社会责任感和人生境界。

会长篇

峰峦叠翠

国人常常自嘲，“一人为龙、三人为虫”。话语之间，对于人与人的合作精神持有极大的疑问与忧思。更何况，商人之间有利益的纠缠，抱团发力、携手而行的现实可能更加充满幻想。

徽商决定摒弃这个惯性思维。于是，一个由无私、真诚、乡情、互助等优质元素黏合在一起的安徽商会组织便应运而生，且遍地开花。一位位坐拥声望而又乐于为同乡同仁服务的商界名宿与名流，毅然担纲起徽商事业在异地落地生根的重任。我们选取的九位“掌门人”，代言着国内近三百家安徽商会，因为他们怀抱着同一个理想与梦想——“聚合徽商力量、光大徽商精神”。

踏着古徽商『开疆拓土』之路，
秉承吃苦耐劳、敢为人先、诚信待人、
崇文尚礼的徽商精神，
把『徽骆驼』的形象
镌刻在神州的每一方土地上。

郭春雷

江苏省常州市安徽商会名誉会长
江苏大隆汇文化科技股份有限公司董事长

郭春雷
成功就是实干

文/陈　浩　摄影/李　朦

在中国区域经济融合发展的历史进程中，商会会长是一个不容忽视的群体。改革开放四十多年来，一批又一批异地安徽商会会长们踏着古徽商“开疆拓土”之路，秉承吃苦耐劳、敢为人先、诚信待人、崇文尚礼的徽商精神，把“徽骆驼”的形象镌刻在了神州的每一方土地上。他们用辛勤的劳作、无私的奉献、过人的胆识，搭建着徽州与五湖四海之间的一座座经济桥梁、文化桥梁、时代桥梁。他们，以德服众，心怀大爱；他们，汇集溪流，万川归海……

在现有的一百多家异地安徽商会中，江苏省常州市安徽商会无疑是颇为“特殊”的一员。它“年轻”，2008年诞生至今不过十多年时间；它有“活力”，二百余家会员单位定期、不定期地组织互访、考察、研修等活动；它有“纪律”，敢于管理在企业“一言九鼎”的企业家；它“成绩斐然”，先后被江苏省工商业联合会评为“先进集体”、市工商联评为“五星级商会”、江苏省民政厅评为“5A级社团组织”“江苏省示范性社会组织”等荣誉称号，同时它也是为数不多的连续四年被评为“十佳徽商商会”与“十大影响力安徽商会”殊荣的异地安徽商会之一。

在常州市安徽商会会员们看来，这一切，都离不开创始会长、江苏大隆汇文化科技股份有限公司董事长郭春雷的付出。

从20世纪80年代末到常州跑运输，到2000年代理名噪一时的“零点啤酒”和被誉为安徽白酒“四朵金花”之一的口子窖；从成立长三角地区第一家集烟、酒、茶、文化礼品的名优品牌体验广场大隆汇，到后期涉足房产、金融、休闲、餐饮等多个领域……出生于安徽定远的郭春雷将自己的商业版图定格在了常州这一以轻工业闻名全国的苏南城市。

言及牵头创办常州市安徽商会时，郭春雷说，“作为一名在常州打拼了近三十年的‘外乡人’，我深知其中的不易，正是因为这样，我下决心要成立商会，帮助那些从安徽到常州闯荡的中小企业主”，在他看来，商会能够为成员企业提供帮助、给他们以发展的信心。

十多年的光景，常州市安徽商会从无到有再到享誉商会圈，这一罕见的成长速度让人赞叹，也让人对它的未来满怀憧憬。站在新时代的潮头，郭春雷心潮澎湃，“我们计划用五年左右的时间，把常州市安徽商会打造成为具有全国示范效应、样板效应的商会组织”，他言辞平和，眼神笃定，一如十多年之前。

以众帮众

在瞬息万变的商场角力中，任何赞誉和地位的取得都不是平白无故

的，这一点，在常州市安徽商会身上体现得尤为明显。

时光回溯到十多年前的2008年，这一年，距离郭春雷走出家乡安徽定远、闯荡常州已经过去了二十个年头，他的身份也由当年那个“跑运输”的物流老板“晋级”为业务版图涵盖餐饮、休闲、房产、金融等行业的知名企业家；他一手创立的长三角地区第一家集烟、酒、茶、文化礼品的名优品牌体验广场——大隆汇也正迅速扩张……

事业的顺风顺水并没有让郭春雷忘记身边的一帮“小兄弟”们，回顾成立常州市安徽商会的初心，他直言，当时国内经济相对低迷，在常州创业的安徽老乡们企业规模大多偏小，更谈不上什么社会影响力，“这就亟须成立一个商会组织，为安徽企业在常州的发展提供一个平台，说白了，就是打通资源、以众帮众”。

于是，在他的牵头组织与筹备下，2008年3月，常州市安徽商会成立，郭春雷理所当然地被推举为会长。

十多年前，商会组织如雨后春笋般生长在国内的各个角落，按照当时的思维，商会组织自然是越大越好、会员自然是越多越好，但郭春雷没有陷入“俗套”，在他看来，严把会员企业质量关是一个商会长远发展的基础。

在企业入会环节上，郭春雷坚持把那些有过违法违纪行为、不注重员工权益、不关注社会公益的“负能量企业”列入“黑名单”，即便该企业规模再大、效益再好也一律拒之门外，并在此基础上推行严格的考核机制。放眼全国各大商会，即便是十多年后的现在，此举依然罕见。

据了解，常州市安徽商会每年都会举办大小会议共计数十场。身为会员企业，一年中若累计三次或者连续三次不参加商会组织的活动，则毫不留情地予以劝退，“当然，对于那些做了负能量事情的会员企业，商会会不留情面地直接将其除名，企业家也是一样”，郭春雷常说，在企业中，老板是“没有人管，也没有人敢管的，所以需要商会来约束他们的行为”。

有人曾经善意地“提醒”郭春雷，“商会嘛，就是一个吃吃喝喝、共叙乡情的地方，差不多就行了，别那么认真”。但他却说，“既然做了，就要做好。”

极其严格的考核制度让成立十多年的常州市安徽商会的会员数量稳定地保持在两百家左右。会员门槛高，是因为常州市安徽商会自成立之初就立足高标准、全方位、立体化的服务理念。

首先，商会秘书处积极走访会员企业，主动了解企业关切，以商会的名义对接常州当地的法院、质监、工商、税务等职能部门，帮助企业化解日常经营过程中遇到的种种困难。如商会成立了“纳税人之家”平台，通过组织会员企业走进国地税部门、开展案例分析等形式多样的活动，让企业与税务部门的沟通更为顺畅、关系更为融洽。

有会员企业如是评价商会，“商会为我们这些在常州打拼的安徽人提供了一个良好的发展‘软环境’”。

其次，在组织建设方面，常州市安徽商会打破传统商会“大锅饭”的传统，将商会划分为五个分会，每个分会之下再设立若干小组，商会平时的各项活动也大多是以分会作为单位进行的。

对此，郭春雷解释道，大规模的会议、活动有利于凝心聚力，而小范围的外出考察、专项讨论则更加务实，容易产生“碰撞”。

在商会全力服务企业的同时，郭春雷本人更是不遗余力地利用自身的影响力和资源壮大会员企业。

作为常州市政协委员、常州市工商联副主席的郭春雷，几乎每天都会接到会员企业的“求助”电话，从资金需求到业务对接，从法律纠纷到子女上学，事无巨细，只要在能力范围之内，他从不推脱。

商会成立之初，很多中小规模企业在发展过程中出现资金困难等难题，这些企业老板找到郭春雷时，他总是尽己所能给予帮助，这些年来，他帮助过的企业有的发展了，有的也夭折了。对发展了的企业，他不计回报；对夭折了的企业，他更不计较。

在服务当先的理念下，十多年来，常州市安徽商会成绩斐然。荣誉等身的同时，更为郭春雷看重的是，商会的平台效应、诚信背书效应正在显现：商会内部业务往来密切，外部对于会员企业更是“高看一眼”，他打趣道，“我们的会员企业去银行贷款，授信都会多一点”。

在商会的全力推动下，会员企业茁壮成长，一改以往安徽企业规模小，集中在劳务、运输、餐饮等相对低端产业的面貌，提升了自我形象。

目前，常州市安徽商会中有数家企业的年度营业收入达到十亿元，

中國名酒

近百家突破亿元，成为常州商业版图中一支不可忽视的生力军。

解码商会运营的奥秘

十多年的时光足以让岁月的痕迹爬上郭春雷的脸庞，但不曾改变他创立商会的初心。2018年初，在常州市安徽商会的换届选举中主动让贤的郭春雷又被大家一致推选为常州市安徽商会名誉会长。

有人曾经向郭春雷“取经”：“你认为当好一名商会会长，需要具备哪些素质？”他回答得很干脆：“首先是要有无私奉献的精神。”

这一点并不难理解。

身为名誉会长的郭春雷“牺牲”自己的时间、精力，搭平台、促发展，不求名利。这些年，除了会长应当缴纳的会费，郭春雷还在为商会提供办公场地，却只是象征性收取少许的费用，而且商会所需的一些办公设施，也是他无偿奉献的。每当商会举办各类活动时，大隆汇总是“慷慨解囊”，主动赞助活动所需的烟、酒、茶。

强调无私奉献的同时，他还时常把“务实”二字挂在嘴上。

近几年来，商会组织不断发展，商会的运营模式也不断创新。创新的方向大致有两方面：一是鼓励会员企业深度合作，成立合资公司，共同投资项目，收益共享、风险共担；二是组织会员企业回乡考察投资，成为联系常州和安徽两地经济交流的桥梁。

对于这两种主流的创新模式，郭春雷有着自己的看法。

“会员企业家合伙投资，赚钱了自然是皆大欢喜，但投资毕竟是有风险的。”在他看来，一旦投资失败，会员之间的关系势必会出现裂痕，“自己的身边就曾经出现过商会会员合伙投资失败的先例，结果，大家反目成仇”，在郭春雷眼中，没有什么是比会员企业团结更加重要的了。

回报乡梓，是郭春雷很重视的一件事。常州市安徽商会成立以来，组织过多次的返乡考察活动，先后到过休宁、歙县、青阳、石台、铜陵、六安、合肥等地，引导在常州取得业绩的企业返乡投资。他自己也在合肥投资成立了生产智能仪表的安徽翼迈科技股份有限公司，取得了良好的经济和社会效益。

十多年的光景，成绩已成过往，站在新时代的潮头，郭春雷踌躇满志，在他的规划中，他要用五年左右的时间，把常州市安徽商会打造成为在全国范围内拥有示范效应、模板效应的商会标杆。同时，探索符合时代发展要求的商会建设路径，为国内商会的标准化建设提供借鉴。

不积跬步，无以至千里；不积小流，无以成江海。宏图已经绘制，战略规划郭春雷也早已成竹在胸。

在郭春雷看来，2017年是商会“上一个台阶”的开局之年，这一年，有两件大事的落地为商会的后续发展奠定了基础。

一是“徽商学院”的成立。众所周知，崇文重礼是徽商有别于其他商帮的关键所在，以文兴商、以商载文的思想更是被一代又一代的徽商所继承。

2017年7月正式成立的徽商学院计划邀请高校专家、行业大咖、领军企业家为会员企业家授课，解读政策法规、预测行业动向、分享治企心得……

事实上，常州市安徽商会向来推崇会员企业家在经商的同时，不断学习、提升自我。商会与多家教学机构合作，推动商会企业家参与EMBA等课程学习，提升企业家管理水平。一些企业家学员参加学习后纷纷表示，“以往总是埋头苦干自己的事情，重新走进校园，接受了系统的理论学习后，思路更加开阔了”。

二是在商会内部推行了诚信体系建设。商会通过与法院、人力资源局、信用办等部门的数据对接，对会员企业的诚信情况进行评价，对优秀者予以授牌。

“诚信是一个时代进步的标志所在，商会想要长久发展，必须顺应时代赋予自身的要求”，郭春雷希望通过这一机制“倒逼”会员企业在经营过程中以诚信为本，当好徽商精神的传承人。

未来的五年，这两件“大事”也将成为商会重点发力的方向。

顺应时代

顺应时代，是郭春雷在管理商会过程中的一记锦囊，不过，在他三十多年的商业奋斗史中，顺势而为也一直是他奉行的圭臬。

“前世不修，生在徽州，十三四岁，往外一丢。”宋代以降，徽商崭露头角，明清之后，徽商更是问鼎中国商业版图数百年。风光的背后，却是徽州绵延数百里的山区和贫瘠的土地，明末大儒顾炎武曾说“徽州中家以下皆无田可业。徽人多商贾，盖势其然也”，大意是徽商的“好离别”大多是因生活所迫。

郭春雷也不例外，当被问及20世纪80年代末走出家乡、闯荡常州的动机时，他的回答于朴实中透着一股时代感，“为了生活，也为了实现自己的人生理想”。

时间上溯至1980年，那一年，18岁的郭春雷在高考中发挥失常、名落孙山，与“象牙塔”失之交臂。在家中四兄妹中排行老大的郭春雷顾不上气馁——在农村，长兄为父——已经成年的他下决心扛起家中的大旗。俗话说，三百六十行，行行出状元，“路就在自己脚下”。

他从亲戚那借了部平板车，从生产队借了一头用来拉磨的小毛驴，“东拼西凑”起一辆毛驴板车，帮镇上供销社运输货物。

供销社距县城有25公里，离火车中转站也有25公里，郭春雷每天的工作就是在这三个点之间不断往返。定远地处江淮丘陵地带，路况高低起伏，步行已属不易，更何况是拉上一辆装有1吨货物的板车。但为了多赚一些钱，这名18岁的少年早出晚归，起早贪黑。

1982年，情况开始好转。郭春雷顺利地考取了在当时尚属“稀罕物”的货车驾照，毛驴板车换成了汽车，每次拉货的重量也从1吨猛增至5吨，但危险也随之而来。

一次从老家定远到安徽含山的跑货过程中，车子发动机出了故障，刹车片也跟着“凑热闹”，前不着村，后不着店，但这批货又是客户急需的，这可急坏了郭春雷。思索再三，把信用看得“比天还高”的他决定冒险出发，利用发动机的降档来减速，最终安全到达了目的地。

三十多年后的今天，在讲述这一生死攸关的故事时，郭春雷保持着一贯的微笑，仿佛故事的主人公不是自己。

就在这样一次又一次的穿梭中，郭春雷慢慢积累了财富。然而，他的父母始终觉得干个体户不是长久之计，于是千方百计托人为他谋得了一份供销社的差事。

但没过多久，他就辞去公职，只身闯荡常州，“常州的轻工业发达，对货物运输的需求自然也比较旺盛”。

万事开头难，初到常州的那一年，一切都与郭春雷的设想背道而驰。当地的货主一听他是外地口音就不再往下谈了，而如果去配货站找货源，赚取的利润就会大大缩水。

立志要干出一番事业的郭春雷偶然间得知一家工厂要长期从常州发货至贵阳和乌鲁木齐，运费可观，但没有任何运输公司敢接手，原因很简单，跑惯了江南水乡的司机们谁都不敢尝试西北和西南地区的崎岖山路。

郭春雷动心了。接下来的日子，尽管危险时常伴随着这名远走他乡的年轻人，但好在一切顺遂。进入21世纪，凭借良好的服务品质和过硬的信誉，他的物流事业蒸蒸日上，从创业之初仅有一辆货车的个体户发展到拥有各类型货车二十多辆，总运输能力超过1000吨的大型运输企业。得益于此，他的人生阅历、经商能力、原始资本均已“就位”。

2006年，是郭春雷的“转型年”，那一年，他的物流业务做得顺风顺水，但郭春雷却突然宣布退出。

面对市场和朋友们的惊诧，他解释道：经过多年的充分发展，物流业的运费正在下降，而成本却在逐年攀升，传统物流模式难以为继。取而代之的是涵盖仓储、运输，并且跨区域甚至是辐射全国的现代大型物流体系，但搭建这一体系就意味着巨额的投入和风险，“不如利用手头现有的资源做一些别的事情”。

事实上，在此之前，郭春雷就已经利用跑物流时与厂商建立的联系做起了贸易，成为安徽口子窖白酒和零点啤酒在常州的代理商。

“转型年”中，他成立了长三角地区第一家名优品牌体验店——大隆汇，专注于中高档烟、酒、茶及文化礼品的营销和推广。随后的数年中，凭借较高的性价比、强大的营销能力、创新的O2O商业模式，大隆汇在常州和长三角地区迅速扩张，成为常州市烟、酒、茶行业的翘楚。更让郭春雷自豪的是，大隆汇的成功让郭春雷真正走上了品牌经营的道路，在行业内树立了标杆。

2009年，并购上海天剑电磁技术有限公司；2010年，在家乡安徽创办安徽翼迈智能仪表有限公司；2011年，创立常州国辉创业投资企业，针对常州的产业优势，向当地的动漫、科技、矿业、证券类企业进行股权投资；2016年，逆产业链而上，进入白酒“年份酒”研发、生产领域……

公益是终生的事业

身为一名“60后”企业家，郭春雷的身上有着那个时代企业家独有的特质，他们敢于冲破体制的藩篱、敢于远走家乡闯荡四方，他们有着敏锐的市场嗅觉、敢于自我否定与创新，尤为重要的是，他们的身上有着一股“天下兴亡、匹夫有责”的责任感。

在履行社会责任方面，郭春雷从来不“缺席”。

身为常州政协委员、常州市工商联副主席的郭春雷，始终认真履行政治协商、民主监督、参政议政的职责，多次提出合理化的提案。其中，

《关于建立政府部门联席会议和政企联动机制的提案》还被评为市政协十二届二次会议的优秀提案。

在这一提案中，郭春雷认为，近年来，行业协会和商会发展迅速，一批在全市有一定影响、对经济发展起到重要作用的行业协会和商会正逐步发挥出独特的优势，其引导行业健康发展的作用也不断凸显。基于此，他建议，把一些在全市范围内有影响的行业协会和商会纳入联席会议，通过这一桥梁纽带，了解民营企业发展中遇到的困难和问题，传达政府的相关政策和举措，帮助企业排忧解难，实现以点带面的服务效应，帮助民营经济加快发展。

乐善好施，是郭春雷身上的又一闪光标签。

在他眼中，做慈善不是一种荣耀和标榜，而是身为企业家的道德良知和社会责任。一名企业家，对员工要有责任心，对企业要有责任心，对国家要有责任心，对社会更要有责任心。

在他的号召下，商会自2008年成立至今，为常州的重疾贫困家庭捐助医疗费达43万元；汶川地震期间，在会员企业自行捐助外，商会还发动会员捐款捐物达38万元；2009年初，在常州市天宁区政府的号召下，商会又一次性捐赠价值数十万元的电磁灶具，为办好区老年餐厅作出了贡献。

而他自己，更是以身作则，多次向常州市见义勇为基金、慈善基金等捐款捐物；并在2011年，捐款70余万元，牵头成立安徽大学教育发展基金……

事无大小，只要有需求，郭春雷无不慷慨解囊，扶贫济困，他用实际行动践行着自己朴素的想法，诠释着“知恩图报”这一中华民族的传统美德。

他常说：“回报社会，是我终生的事业。”

作为一名有担当的企业家，
名和利不是全部，
企业家有别于商人的关键，
在于勇于承担社会责任。

蒋会成

海南省安徽商会会长
海南第一投资控股集团有限公司董事长

蒋会成
乘风破浪海之南

文/陈　浩　摄影/姜朝洋

时光悠悠，岁月如歌。2018年，对于海南来说注定是一个不平凡的年份。这一年，是海南建省30周年，也是海南获批成为经济特区30周年。

30年间，作为中国最“年轻”的省级行政区以及中国唯一一个省级经济特区，海南凭借着得天独厚的秀美风光、旅游资源、区位优势，正成为中国乃至全球瞩目的焦点，赢得了“南海明珠”的赞誉。

30年间，数以万计来自全国各地的逐梦人迈过琼州海峡来到海南，他们用自己的辛勤付出和过人智慧，以及堪比当年美国人“西部淘金”的胆识，在海南的商业版图中书写了浓墨重彩的一笔。今天的他们，有了一个共同的名字——“闯海人”。

在“闯海人”的队伍中，海南第一投资控股集团有限公司董事长、海南省安徽商会会长、成美慈善基金会理事长蒋会成无疑是一面旗帜，即便在那个“商业奇才”辈出的年代，他的故事依然会让读者心潮澎湃。

从只身南下海南创办企业到率先完成股份制改造，从投建海南最大的百货商场到涉足国企改革一跃成为海南商业龙头企业，从进军金融行业到日后布局大健康产业……在蒋会成的带领下，第一投资集团的每一次“转身”都恰到好处，它更是顺利度过了席卷海南一众企业的金融危机、房地产泡沫危机，成长为一家涵盖健康养老产业、医疗产业、金融投资产业的企业集团。这绝非“运气”抑或“机遇”所能概括。

除了在商业世界纵横捭阖，蒋会成在公益事业上的付出和在社会活动中的积极作为同样引人注目。成立成美慈善基金、出任南南合作国际组织副主席兼亚太委员会主席等举动，让他以全新的身份进入公众视野和国际舞台，也让他“仁者无敌”“达济天下”的理念得到了最好的诠释。

扎根海南30多年，他常说，“我个人和企业取得的一切成绩都与海南这片土地密不可分，未来，第一投资将在立足海南的基础上，加速成长和走出去的步伐”。言及发展宏图，蒋会成信心满满：“党的十九大报告提出，人民健康是民族昌盛和国家富强的重要标志，我们从事大健康产业不正是为了这一目标而奋斗吗？”

他透露，下一个30年，第一投资会乘着海南建设高标准国际旅游岛的“东风”，在大健康产业继续深耕细作，发力养老地产、医疗、产业金融的同时，设立保险公司，打造覆盖产业链各个要素的闭环。

要做，就做最好

西海岸长流起步区，是海南省海口市旅游度假的核心地带，更是海口市新行政中心的腹地，海南国际会展中心、新市政中心、森林公园等地标性建筑环伺左右，2015年底建成开业的海南省肿瘤医院便坐落于此。

在海南肿瘤防治和医疗产业发展史上，海南省肿瘤医院的诞生意义非凡。

一方面，它的成立填补了海南肿瘤专科医院的空白，将当地肿瘤防治水平提升到了一个新的高度。

另一方面，这座按照省级三甲肿瘤专科医院标准建成的花园式医院，是海南医疗卫生事业“先试先行”混合所有制改革的产物，它是海南第一家，也是国内为数不多的由社会资本投资建设的省级肿瘤专科医院。

回顾投建医院的“初心”，海南第一投资控股集团有限公司董事长、海南省肿瘤医院理事长蒋会成感慨良多。

时间回溯到2008年，经过20年的发展，与海南“同岁”的第一投资集团俨然成为海南民营经济的一张名片，在商业、金融、地产等诸多高门槛行业均斩获颇丰。然而，席卷亚洲的金融危机给了正处于高速发展中的企业“当头一棒”。

金融危机期间，蒋会成遭受到了前所未有的冲击，企业也落入发展的低潮期。但他没有放弃，而是作出了带领企业积极转型的重大战略决策，进军大健康产业，“掘金”健康养老地产和医疗产业。

2010年，海南省委、省政府决定在国内先试先行医院混合所有制改革，提出由社会资本投资控股，建设一家高水平、国际化的省级肿瘤专科医院。

这一提法与蒋会成的想法不谋而合。但说起来容易，做起来难。由社会资本主导投资建设一座三甲医院岂是易事？多年的商场打拼经验让蒋会成明白，“既然做了，就要做到最好”。

据了解，海南省肿瘤医院拥有完善的肿瘤专业学科体系，设有28个临床科室和11个医技科室。海南省最高肿瘤防治机构——海南省肿瘤防治中心，中国唯一一家热带肿瘤研究机构——海南热带肿瘤研究所也设立于此。

在硬件方面，医院的高级别分子影像中心和分子病理中心配置了正电子体层扫描机、无声磁共振扫描仪、螺旋CT、直线加速器以及肿瘤实验室检测仪器等先进设备1680余台套。这种高标准的配置完全可以满足诊断、治疗、康复等临床需求，有效地提高诊断的准确率和治疗水平。

医院还打造了一支高水平的医护队伍，云集了中国医学科学院首席科学家、国内腹部肿瘤学科泰斗邵永孚教授；中国神经外科医师学术成就奖获得者、全军重大成果奖获得者、享受政府特殊津贴的著名神经外科专家李安民教授等国内众多知名肿瘤专家。

与此同时，作为天津市肿瘤医院海南分院、海南医学院附属肿瘤医院的海南省肿瘤医院还积极实施“走出去”战略，“牵手”德国汉堡医学院、美国匹兹堡医学院等欧美多所一流医疗机构，开展学术交流、人员培训及远程会诊等合作，搭建起高水准、多元化、开放性的医院发展平台。

经过数年的发展，海南省肿瘤医院已经成为一家集医、教、研为一体的非营利性省级肿瘤专科医院。

事实上，海南省肿瘤医院只是第一投资集团医疗产业版图上的一环。

海南省肿瘤医院成美国际医学中心作为享受博鳌乐城国际医疗旅游先行区九条优惠政策的平台，于2016年3月建成并试运行，该医院可同步使用国外先进医疗技术和药品，为国内外患者提供高端优质医疗服务，同年3月25日，中共中央政治局常委、国务院总理李克强在参加博鳌亚洲论坛期间，视察了乐城成美国际医学中心。9月22日，在海南省委、省政府的大力支持下，在海南省卫生与计划生育委员会、海南省出入境检验检疫局和海南省食品药品监督管理局等多个部门的积极推动下，成美国际医学中心首批进口的专门用于治疗多种癌症的外国抗癌药品“派姆单抗”

（Pembrolizumab，俗称“PD-1”），通过了海南出入境检验检疫局用药环境验收，这意味着国内患者不用出境就能使用国外最新抗癌药。这也是博鳌乐城国际医疗旅游先行区首批进口抗癌药品。

2018年3月31日，在海南省委、省政府的支持下，依托海南省肿瘤医院成美国际医学中心，采取“一个共享医院平台+若干个临床医学中心”的模式，打造了“博鳌超级医院”，该医院是由中国国内排名前三的学科组成，临床医学领域工程院院士及顶尖医学学科带头人领衔，通过整合国内优质医疗资源，组建团队及各专科临床中心的形式进驻。“博鳌超级医院”相当于在医疗界建了一个机场，筑巢引凤，进驻的各个医疗团队则相当于各家航空公司，病人与医院、医院与医疗团队相互依托、相互购买服务，该模式目前在国内尚属独家。

打造大健康产业闭环

在现代商业体系的逻辑中，“产业链”的概念深入企业家内心。与管理学范畴中1+1大于2的论断类似，一家企业想要立足产业，做大做强，形成核心竞争力，打造产业闭环就是一条必经的路径。蒋会成的大健康产业宏图亦是如此。如果说医疗产业是大健康产业链上的一颗明珠，那么，健康养老产业则是贯穿这一产业链的商业载体。

在海南，布局健康养老产业的基础环境可谓得天独厚。

从市场层面来看，海南风景秀丽、气候宜人，是著名的长寿岛、健康岛、国际旅游岛。统计数据显示，2018年到海南旅游的国内外游客达到7600万人次。

此外，2009年12月，国务院发布《关于推进海南国际旅游岛建设发展的若干意见》，将海南建设国际旅游岛上升为国家战略。其中两大战略定位就是：我国旅游业改革创新的试验区、世界一流的海岛休闲度假旅游目的地。

在业内人士看来，这两大战略定位为当地健康养老产业的发展奠定了政策基础。

也就是在那时，蒋会成提出了开发“健康养老产业”的目标，近十年后的今天，“健康中国”已成为国家战略，健康产业也将作为海南全省国民经济发展的支柱产业。由此可见，蒋会成当年的选择是顺应国家和市场发展要求的，当然，这是后话。

作为“健康养老产业”的落脚点，健康养老地产是第一投资集团重点发力的板块。

其中的健康属性，指的就是健康产业与绿色建筑的契合，在房地产项目开发和服务的全过程中，处处以人为本，以保护环境、节能降耗为己任，按国家关于绿色建筑2星级以上的标准，营造健康环境，建设健康人居，创建健康社区，让业主享有健康人生。

第一投资集团近年来在健康地产领域持续投入，逐步形成了独具特色的健康地产理论体系并加以大力实践。

公司现在正在运作和即将开发的项目中，无论是位于海口滨江新城板块的响水湾度假公寓还是位于海口长流起步区的阳光城颐养公社项目，以及位于养生天堂定安南丽湖风景区的南丽湖风情小镇，都在设计理念、地理环境、户型设计、建筑材料等方面，严格践行健康地产标准。

在养老属性方面，颐养公社是第一投资集团结合自身在养老产业领域多种资源和优越的项目资源打造的高端养老品牌，产业链覆盖养老地产、养老康疗、养老服务和养老咨询管理输出等领域。

在布局健康养老产业之外，产业金融亦是第一投资集团大健康产业闭环上的重要一环。目前，第一投资集团控股、参股设立多家基金管理公司，各类基金认缴规模突破1400亿元人民币。投资领域涉及大健康产业的医疗、医药、养生养老服务，以及新经济、新服务、新农业、新材料、新能源、新商业模式等板块。

此外，据蒋会成透露，第一投资集团将不断拓展在金融投资行业的触角。目前，集团已经向国家主管部门提出了设立聚焦养老、医疗领域保险公司的申请。

可以想象，未来在医疗产业、健康养老产业、金融投资产业环环相扣的积极推动下，第一投资集团的大健康产业事业必将走出一条值得全行业借鉴的路径。

步步为营

作为“闯海人”中的杰出代表，蒋会成无疑是海南民营经济代表中的一面旗帜。他的身上处处展现着“徽骆驼”的精神风貌，而更为企业家同行称赞的是他近乎“神奇”的商业敏感度。他治下的第一投资集团历经多次转型，而每次转型都“恰到好处”。

一份调查显示，中国民营企业的平均存活寿命仅仅约为五年零七个月。

然而对于第一投资集团而言，已经过去的第三十个年头只是新的起点。

在第一投资内部，大家有一个共识：困难和压力从来不是屈服的借口。三十年的成长之路上，他们走过太多不平坦的道路，他们经历过关乎企业存亡的危急时刻……是什么样的力量让他们一直拥有前行的不竭动力和突破困境的勇气与智慧？

在蒋会成看来，上述问题的答案“潜伏”在企业发展历程之中。

第一投资集团成立于1988年，彼时海南刚刚正式建省并成为全国最大的经济特区。

当时，充满机遇的海南是怀揣创业梦想的年轻人的乐园。和众多下海闯岛者一样，蒋会成凭借敏锐的直觉和判断把海南作为他的圆梦之地，按他的话说，“十万人才下海南，那时什么都缺，但凡是个东西都有市场”，因而这块神奇的土地对于他所有的付出都给予了丰厚的回报。

没有去应聘投放简历，蒋会成选择了创业，他要创建自己的企业。很快他的首家企业、一投集团的前身——第一广告有限公司应运而生。

此后，随着第一装饰、第一实业、第一发展等企业不断开设，蒋会成手下的企业群落逐步成形。1993年海南省推行企业股份制改革，得到这个

消息之后，蒋会成知道这是企业发展的重大机遇和关键时刻，抓住了这个机会企业就会登上一个新台阶。

同年5月，经海南省政府批准，第一投资发展有限公司作为主体发起企业发起成立第一投资招商股份有限公司。

在一系列眼花缭乱的投资与变革中，第一投资急迫地吸收着来自外界的商业信息，洞察着其间的商业机会。在积累财富之后，第一投资将目光瞄准了"心仪已久"的商业项目。

没有犹豫不决，1993年集团投资的第一个大型项目——海口望海商城（日后"第一百货商场"的驻地）开始动工建设，仅用了一年半的时间"第一百货商场"便开业，至今其仍是海南全省最大的百货商场，第一投资由此一跃成为海南商业界的龙头。

1998年，第一投资参与了海南省国有企业改制工作，先后兼并收购海南省商业集团、海南省粮油进出口公司，成为海南省商业龙头企业，进而使得企业上升到集团化管理层次，第一投资集团由此应运而生。

通过经营重组，企业不仅打开了实体经营的空间，产业领域也从商品零售拓宽到旅游住宿业和房地产业，还持有海南可口可乐饮料有限公司37.5%的股权。同时也开拓了资本运作的空间，第一投资开始尝试着进入资本市场。

正是这次参与国企改制的精彩一役，让第一投资迅速跻身海南民营企业前列，也让蒋会成成为海南民营企业家圈中的知名人物。当时他仅仅30岁。

在第一投资经历第一个十年成长期后，蒋会成意识到如果不能突破海南一隅的限制，只是“孤守”在这片海岛之上，第一投资虽然可以成功地甚至很好地活下去，但是时代赋予的商业机会和内陆更广大的市场空间将会被一次次错失。

在稍纵即逝的商业世界，这样的错失意味着什么，蒋会成心中有一本清账。

筹谋全国布局，他明白单凭当时第一投资自身的实力很难完成。就在此时，另一个机会降临在第一投资身上——企业上市。

2002年8月，第一投资招商股份有限公司在上交所挂牌上市。这是亚洲金融危机后海南第一家上市公司，也是海南第一家商业类上市公司，因而在当地造成了巨大轰动。上市公司由此进入资本市场，在随后几年筹划的项目中，包括收购中化大厦、筹建香格里拉大酒店、投资“阳光·经典”、银谷苑等都让蒋会成布局地产的战略在2003年浮出水面。

资本市场的纵横捭阖，地产及商业领域的诸多布局，让左手资本右手项目的蒋会成开始向往将第一投资打造成中国的“摩根士丹利”。

“这是企业家最好的时代”

30年，弹指一挥间。第一投资集团的发展让蒋会成名利双收，但他时刻提醒着自己，“作为一名有担当的企业家，名和利不是全部，企业家有别于商人的关键，在于勇于承担社会责任”。

在商业世界纵横30年，蒋会成对世界、对商业、对人生的看法也在发生着显著的变化。

“都说人活着就是一场修行，在我看来，慈善和公益可能就是一种更好的修行方式。”蒋会成坦率地表达了自己的慈善理念。

在他的脑海里，对于人性之“善”最早的直观感受来自于七岁那年观看的电影《雷锋》。此后在家庭、学校和社会教育的多重影响之下，他渐渐从行动的力量中感受到公益和慈善的魅力。

“可能受自己的成长环境影响，我觉得中国人天生是有‘悲天悯人’

海南省肿瘤医院

情怀的，自己有能力了，看到了困难的人，就应该出手相助，不然别人说你是个成功的企业家，不问心有愧吗？特别是，我觉得‘人生而平等’，不能说你现在某些方面成功了，就看不起或者对弱势群体不顾，生活在‘大同世界’，我想是每个人的追求。缩短人与人之间的差距，拉近人与人之间的距离，企业家在这些方面也能做很多事情。”

正是在诸如此类的想法影响下，蒋会成决意倾入更多心血在慈善领域。2010年10月13日，由蒋会成发起的成美慈善基金会经海南省民政厅批准成立，他本人出任成美慈善基金会理事长。

成美慈善基金会成立至今，本着“成人之美，大爱无疆”的宗旨，持续关注教育、医疗、文化、环保等四大领域的社会发展工作，支持民间社会创新及可持续发展，推动现代公益事业发展。截至2018年底，捐赠总收入1.3亿元，总支出1.13亿元，共计开展140多个公益慈善项目，覆盖全国

27个省市区，直接受益16.8万人，间接受益133.8万人，2661万人次及87家企业参与捐赠。

其实在成立基金会之前，蒋会成也在参与社会慈善公益事业方面有过多次尝试。但是当时主要局限在捐款上，至于是捐款怎么花的，到底流向了哪里，是不是真正帮助到了困难群体，或者解决了某个社会问题，他心里没有一点底。

“有时候，类似的捐助行为实际就沦落成一个公关活动，这不是我想要追求的。如果说做一个成功的企业家是我人生的一个阶段，那么我的下个目标就是希望用公益改变人生、改变世界，这也是我认定的财富归宿。成美慈善基金会的成立有助于实现这个目标，也更有利于公益资源的有效使用。”在对商业财富的归属进行认真思考之后，蒋会成将公益慈善事业作为自己下一个人生阶段最重要的工作。

行走在公益慈善之路上，蒋会成对此进行了细致的谋划。

他将自己的工作分成两块：第一，推动“公益共识”；第二，创造“公益财富”。

目前成美慈善基金会的资金主要来自他个人和第一投资。他这样做的初衷正是希望基金会不要仅仅成为他自己的公益慈善意识和行动，更要得到集团公司股东的理解和认同，在塑造企业主动承担社会责任、做受人尊敬的企业上多做探索，在更大的范围和群体中推动“公益共识”。

鉴于成美慈善基金会的目标是做成“社会投资型”基金会，蒋会成希望向全球顶尖的基金会学习，做最专业、最有效的基金会的同时，不断创造“公益财富”，使优秀的公益想法得到实现。

“在基金会的运作中，我思考了很多，也顿悟了很多，慈善公益事业意味着人生哲学，对想明白人生的意义非常重要。做慈善并不容易，是一个挑战人生的新领域，也是修行的最好方式。”结合过往感悟，蒋会成总结道。

乐善好施的同时，蒋会成的心中始终不忘乡情，2013年6月，海南省安徽商会换届选举，他高票当选为第二届会长。

对于如何当好一名商会会长，他认为要有闲、有钱、有心，“安徽有十几万老乡在海南打拼，企业大多做得比较小，对于第一投资集团来说，尽自己所能帮助他们是应有之义”，正是基于这一理念，蒋会成把第一投资集团的很多上下游业务都交由安徽老乡承接，当安徽老乡在资金、关系协调方面有所需求时，他总是亲历亲为、从不推脱。

2018年8月31日，海南省委、省政府在《海南省乡村振兴战略规划(2018—2022年)》中，提出了产业振兴、人才振兴、文化振兴、生态振兴、组织振兴的战略目标。儋州市南丰镇尖岭村作为2017年整体推进脱贫贫困村，全村有建档立卡贫困户201户，是第一投资集团、海南省安徽商会的重点帮扶对象。2017年9月14日，按照海南省扶贫办、儋州市扶贫办“百企帮百村”的安排，第一投资集团、海南省安徽商会与尖岭村签订了结对帮扶协议。在随后的短短三个月内，他们先后九次深入尖岭村调研，与村、镇及市有关部门扶贫工作队负责人进行座谈讨论，了解该村扶贫进展情况和突出问题，研究扶贫重点与措施。

有商会会员企业家如是评价道，海南省安徽商会的存在提升了在琼皖籍企业家的话语权，更有助于徽文化的传播。

站在新时代的潮头，蒋会成由衷感慨：“党的十九大报告提出，人民健康是民族昌盛和国家富强的重要标志，我们从事大健康产业不正是为了这一目标而奋斗吗？”对于未来，他信心满满，而习近平总书记提出的新型政商关系则更让他充满期待，“这是企业家最好的时代”。

徽商起东晋，
成长在宋唐，
博大精深徽文化，
哺育了徽儒商……

蒋振华

江苏省徐州市安徽商会会长
江苏中迪建设工程有限公司董事长

蒋振华
彭城虎将

文/何晓珺　摄影/姜朝洋

“虎子……”一声声呼唤如天谷来风，将蒋振华的思绪裹挟到了他的出生地——安徽省萧县圣泉乡的一个贫穷村庄。

“虎子”是蒋振华的乳名，他幼时家境贫寒，却颇为早慧，生下来是天不怕地不怕的个性，带着浑然天成的虎气。现时已及天命之年，成熟稳重却未曾丧失锐利，双目炯炯，脊梁笔直，思维活跃。

他曾毅然抛下备受欣羡的公职，转而下海经商，筚路蓝缕中硬生生闯出一条路。如今他虎啸生风，在引领旗下多项产业齐头并进的同时，还担负着商会掌舵人的角色，而他所钟爱的书法艺术也从家乡的一方八仙桌走到了世界的广阔舞台。

曾经不断被生活击打的灵魂在中华大地上汲取着养分，成年累月的恣意生长让他滋生并释放出极为强劲的动能。或许，从被父母命名为“虎”开始，这个富有韧性、充满热情的汉字就成为了他日后漫长生命的图腾。

虎虎生风

20世纪70年代的一个冬天，西北风来势汹汹，村民们一窝蜂地收起了红薯。为了能让孩子们吃点东西，蒋振华的母亲顶着寒风去地里刨被村民收剩下的红薯，不幸被大队连部发现，刨出的红薯连同撮箕一道被没收。想到家中肚子饿得咕咕直叫的孩子，却拿不出一丁点食物填饱他们，母亲顿时止不住抽泣，在冷风呼啸中落下了气管炎的毛病。

“哪里有钱看病，只能根据乡下的土方子寻些奇奇怪怪的药材，什么癞蛤蟆、酥梨……”年幼的蒋振华为了给母亲治好病绞尽脑汁，直到看到村里丧喜事上演出的草台班子，他动了心思，旋即学会了“折腰”，这个对身体柔韧性要求极高的杂技品类帮他赢得了不少表演的机会，他便以此来换取偏方中所需的药材。

深知生活艰辛、父母不易，蒋振华对亲人极为维护，对亲情极为看重。类似这样的事件在蒋振华身上屡见不鲜。后来读书时看哥哥与村干部发生纠纷，手无缚鸡之力的少年不管不顾冲上去替哥哥吵架，对方见是个毛头小娃才没计较，当时他暗下决心，一定要学习武术，终习得大洪拳、小洪拳、梅花拳等多种拳法，“后来再没人敢欺负我们”。

你很难用“穷人家的孩子早当家”来解释蒋振华的所作所为，比起懂事、贴心，他更像是一个不怕事、能扛事的超龄者，一个充满主观能动性的问题解决者。通俗点说，就是“有点虎”。

可他毕竟是个孩童，若论他的顽性，跟同龄男娃比起来，似乎也是有过之而无不及。和家人拌嘴，一气之下扬言“离家出走”，转身便爬到家门口的树上，把搭在树干上等待晒干后喂养牲畜的红芋秧子拢成一堆，钻到里边躲着，刚还赌着气呢，下一秒钟听着外面的呼唤声就乐了起来，“知道他们在找我，就让他们找不着。”撕姐姐的书叠纸扑拍着玩；家中无人时偷挖猪油冻过嘴瘾；冲动起来也和村里的玩伴拧作一团；父亲开小卖铺，他时不时偷点散酒喝、偷个鸡蛋吃的事更是数不胜数。

说来不免心酸，人生的前二十年穿得几乎都是姐姐们的旧衣服，“太苦了，就想追求好日子”，年幼的蒋振华能想到的唯一办法就是步入校园，好好学习，考上大学。没钱交上小学的学费，二姐帮他凑了钱。“直至在黄口中学上初中都没钱坐车，经常爬上拉煤的火车回家。一次听小道消息说有火车在老家附近杨楼火车站停靠卸货，我就和同学爬上了车，谁知火车在杨楼站未停，一路直奔徐州孟家沟站，我们只好在徐州北站的长椅上过了一夜，第二天一早又爬上客车的最后一节车厢回到杨楼站。”那时候吃不起瘦猪肉，三姐时常把招待顾客吃剩的肥猪肉用塑料纸包好让他带去学校，打了热稀饭泡软了吃。“哪能泡软呢？能咬烂就不错了，其实吃的哪是猪肉，就是猪油啊！”尽管这样，对此他仍然有极大的幸福感。

忆及过往种种，蒋振华眼眸中含着笑意，只有在提及当年帮他凑学费的二姐时，他无法释怀，一度哽咽得说不出半个字。“几年前突然接到电话，说二姐出车祸，我赶到徐州医院陪伴二姐几天，最终她因伤势过重未能抢救过来……这对我打击太大了，二姐活着的时候每年都给我做酒豆吃。她走后，我再也没有吃过酒豆，偶尔老家有人送酒豆我也不要，看到我就难受。”

蒋振华口中“特别特别穷”的童年生活已经离他很遥远了，可苦中作乐的宝贵因子没有沉积在已逝的时间长河里，反而跟随着他一路急流勇进。于他而言，“一箪食，一瓢饮”或许是没法拒绝的生活真相，但“不改其乐”却是他回馈给生活以及自己的一份厚礼。

曾经刀山驱猛虎

“我个性比较强，到他家把他揍了。”

事情发生在1992年底，距离蒋振华初涉职场已有五年时间，他当年“得罪”的某乡镇副书记的儿子依旧不依不饶，找来社会上的小混混恐吓他，并破坏了他红色桑塔纳的轮胎及倒车镜。

尽管这件事最后以“蒋振华赔付对方270元医疗费，对方赔付蒋振华4700元轮胎及倒车镜钱”的局面终结，但却将他彻底推离了官场。面对自己敬重万分的局长的痛斥，他没有低头认错，“我不干了！”

“不”这个字，蒋振华已不是第一次对自己的顶头上司们说了。他的一身虎性在刚刚工作的数年时间里体现得极为明显。

1987年因发挥失常未能考上大学的蒋振华在次年因“祸”得福，得以有机会参加当地土地局招干考试。他不负众望，一举考入萧县土地局，从此步入了公务员这个在当时堪称光宗耀祖的行业。

在杨楼镇土地管理所担任土地监察队长职务的日子充实而自由，每天骑着自行车和同事一起下乡，丈量土地，填表发证，帮助乡里征收农林特产税，开广播会……工作表现突出的蒋振华很快就接到通知，被调去担任闫集镇土地管理所副所长。

“当时土地局局长找我谈话，我一口回绝了。局长很纳闷，‘人家找人请客想当副所长没给人当，给你安排你还不愿意，你啥意思？’”

“闫集镇土管所矛盾比较大，有老所长在，我要干好了，是我帮他的忙，我要干不好，是我添他的乱。你要让我干，你就把这个所长调走，让我当一把手。”毛头小子说起话来倒是理直气壮，局长乐了。出于对其才华和个性的赏识，局里经过研究决定，给他安排了个“副所长主持工作”。在蒋振华的整顿下，没过多久，闫集镇便由全县土地工作排名最末的位置直线上升了，“同系统的人都到我那里去参观学习”。

如果照着这样的路线走下去，那么蒋振华的仕途可谓前途无量，可个性直接坦荡甚至带点鲁莽意气的他未能避开官场中的弯弯绕绕，甚至几度被迫缠进旋涡。

当时，闫集镇一位党委副书记的儿子在蒋振华当家的土管所工作，不巧的是，分管土地工作的副书记、副镇长和这位党委副书记之间有着很深的矛盾，他自然就狠狠扼杀了副书记意图将自己儿子扶为会计的想法。“副镇长正好有个朋友想做会计，就点名让他当了”，更不巧的是，此人是蒋振华的同学，党委副书记十分恼火，梁子就此结下，此后他数次暗地给蒋振华穿小鞋，工作上到各个村庄设障碍，隔三差五到县土地局奏上一本。

无辜背锅的蒋振华有苦难言，不满于政界关系之复杂，加上公职工作根本满足不了他的一腔斗志，在见过更大的世面后，一颗想要下海的心蠢蠢欲动。

他将目光投向了当时萧县最为赚钱的产业——防腐。萧县虽地处并不发达的皖北区域，但历史厚重，文化源远流长，正所谓一方水土养一方人，萧县人敢想敢闯，各行各业可谓是卧虎藏龙。防腐行业尤甚，县内一时间涌现了多家防腐大户，在全国具有极大知名度，堪称“中国防腐第一县”。

蒋振华于1992年在工作之余开始在徐州做防腐保温工程。在“桑塔纳事件”后，蒋振华瞒着家人毅然写了辞职报告，局里不同意，将他调入马井区张瓦房大队任大队书记，让他以干部身份下乡扶贫，帮助大队脱贫。

此时的他早已身在曹营心在汉，索性背着背包，拿着行李东下徐州做生意去了，多年后才最终彻底丢掉干部关系。

如今，蒋振华的产业遍布全国各地，业务涉及建筑、安装、化工、商贸、煤炭、餐饮、房地产、投资、文化传媒、机械制造、智慧城市、保安服务等诸多领域，旗下六家公司齐头并进。这期间，他也遭遇种种屈辱，深感人心弗古，但他始终以诚信立足，不忘初心，终有所得。

气吞万里如虎

“商道酬勤寻旧梦，墨海耕耘拜胡门。天降大任于斯人，笔走龙蛇四海闻”，蒋振华对书法艺术的热爱和追求，在年龄尚幼时便展露出来。

以前村里过年，春联要排队等有文化的人来写，往往轮到蒋振华家，

已经在正月了，过了贴春联的时机，“那还不如我自己练字”。后来步入校园，有机会上毛笔字课，接受正规的训练，蒋振华对书法产生了极为浓厚的兴趣，悟性极高的他对各种书体都了然于心，不仅深受老师的好评，更是获得了不少书画比赛的奖项。

五年级时，不过十来岁的年纪，他搬个八仙桌，扛个板凳，开始在街道上摆摊写字，卖了钱贴补家用。“买了红纸，往桌上一摊，就开始写春联。五分钱一对，春节期间差不多能赚七八块钱。上学的时候几乎年年都去。”

蒋振华崇古尚古，二王、张旭、怀素、颜真卿、董其昌、王铎等书法名家均对他影响深远。从小有着坚实的楷书基础，其楷书结构严谨、刚健有力。后写隶书、行书，其隶书高古苍茫，其行书也是洒脱生动。

近年来，他主攻草书。尽管工作繁忙，他仍会抽出时间前往中国书法院研究生课程班以及国家画院胡抗美书法工作室学习、精研书法艺术，师从中国书法家协会原副主席、中国艺术研究院博士生导师胡抗美先生。两年的学习让他领略了草书的形与神，继承了大草的真功夫，并找到了自己的书法追求方向，日渐形成独树一帜的“蒋氏大草风格”。

“没有传统，书法就没有高度，任何时代，任何个体的书法发展都建立在对传统的深入继承之上。蒋振华在对待传统的问题上有着清醒的认识，他把临帖作为自己进入书法世界的途径，坚持求本寻源，坚持向传统的更深处学习”，他的恩师胡抗美在《从深入到升华——蒋振华书法的艺术追求》的撰文中对其大加赞赏，“努力从传统中找到突破和发展的空间，从当代人既有的表现中找到宝贵的参照和独立的空间，对这两个空间的寻找是每一个时代的书法家都必须面临的思考和选择。而这种寻找，没有悟性和想象力显然是难以达到的”。

观蒋振华草书，会生出方寸之间窥见广袤天地的酣畅淋漓之感。这其中，不仅有他对书法始终如一的热爱，对艺术孜孜不倦的探索，更有其对自己丰富人生阅历的承载和抒发。

随着他的书画影响力在全国越来越大，他先后担任了中国商业文化研究会副会长，中国人民大学继续教育学院书法篆刻院副院长，中国书法家协会会员，江苏师范大学特聘教授、硕士研究生导师，徐州市书法家协会副主席，日本关西大学亚洲文化研究学科带头人等职。出版了《蒋振华书画作品集》《蒋振华书法小品集》《非相——胡抗美 曾翔 蒋振华 柴天鳞书法展览作品集》《从深入到升华——蒋振华书法艺术》等书籍。他编著的由荣宝斋出版社出版的《草书造形》已经面世。其作品多次参加中国香港、台湾，日本，韩国交流展。作品入选中央文史研究馆书画院成立五周年十一省区展览；共创共和国辉煌将军、政要暨名人艺术作

蒋振华接受中央电视台《收藏天下》采访

品大型展览；全国第七届楹联展；纪念毛泽东诞辰120周年全国书法展。他的作品被日本关西大学、美国西弗吉尼州西弗吉尼亚大学、美国布法罗基督教学校、瑞典吕勒欧市、挪威孔子学院、中国矿业大学、江苏师范大学、合肥工业大学等机构收藏。

在2015年意大利米兰世博会中国书法节暨中国文化推广月期间，他与胡抗美、曾翔、柴天鳞的四人书法展成功登陆米兰并受到嘉赞，2015年的《中华英才》第14期及《中华英才海外版》第45期杂志各用8版刊登了他的艺术介绍及书法作品，中国著名书法家孙伯翔先生对其作品赞不绝口，称其可与古人相比，对其作品高度认可。

曾经的一方八仙桌终于在他数十年如一日的坚持下，演变成了世界大舞台。取得这些骄人成绩的背后，是他不管工作多累，每天起床第一件事和睡前最后一件事都留给书法的决心和韧劲。

“好的书法要经得起历史的沉淀，既要继承发扬传统，又要有所创新，形成自己独特的风格，才能更具创造力，创造出更好的作品。”对于草书，他并不满足于一时的荣耀，眼前还有更高的追求等待他去实现。“希望能将自己所学、所得、所创荟萃成册，给后人留下点什么。”

是墨客，亦是文人，蒋振华擅长书法，对诗词也是情有独钟，在他看来，诗、书、画是互通的。这些年游山玩水，足迹遍布世界各地，每到一处，他都赋诗留以纪念。

2015年，蒋振华前往内蒙古这个承载了古今诗人作家赞誉的“人间天堂”，仰望是蓝天白云，眺望是牛羊成群，那一刻，环绕他的是对自然的赞叹、对历史的追寻，“千里银棉浩瀚天，万头牛羊见草原。成吉思汗迹何处，铁鞋踏破无影烟”。不远处，牛群低头咀嚼着青草，唯有一头静静偎在草地上，望向如洗碧空，天似穹庐、笼盖四野，蓝绿辉映、动静相宜，这孤牛不知从何而起又意欲何为的美好遐思仿佛传递给了心潮涌动的蒋振华，“呼伦贝尔大草原，孤牛独卧望碧天。情有所思意欲何，弯弓射雕欲成仙”。

他的诗多触景生情，其笔下所绘之景气势磅礴，所诉之情雅趣横生。2017年游尼亚加拉大瀑布时，站在北美洲的大地上，他用最能体现古老东方文化韵味的文字描绘着现代西方的雄伟景致，“万丈琼泉泻人间，彩虹一道破云天。旷世奇观谁之匠？涛声依旧笑雨烟”。一首作罢好不痛快，顺势再挥就一首，“青山绿水融云烟，白色纱幔悬九天，飞流直下浪花舞，胜似白马奔碧川”。这份从诗中倾泻而出的波澜壮阔，正是来源于他对事物敏锐的观察力、丰富的想象力，来源于他个性中与生俱来的豪气，更来源于他对生活永葆的热情。

战舰森森罗虎士

徐州，古称彭城，地处江苏省西北部，西连萧县，北倚微山湖，素有“五省通衢”之称。在江苏省徐州市安徽商会会议室的展示柜里，摆满了商会成立六年来获得的各项荣誉。自2012年成立以来，在蒋振华的掌舵下，无论是凝聚力还是社会影响力，安徽商会在徐州市所有商会中堪称首屈一指，在江苏省乃至全国也具有极高的知名度。

目前，300余位经过商会秘书处严格审核的“虎士”齐聚麾下，旗下企业涉及建筑、投资、智慧城市等多元化领域。“有困难找商会，有喜讯报商会”，在成立之初，蒋振华一再传达这样的理念。在他看来，商会是一个抱团取暖的平台，也是资源共享的平台。如何运用好这一平台？如何凝聚徽商企业及企业家的力量？六年来，他始终坚持“制度管会”“服务立会”“活动兴会”“文化强会”“慈善扬会”的理念。

坚持“制度管会”，民主办会，促进商会和谐健康发展。“完善的商会管理机构和工作制度，使商会工作有章可依，有据可查”，商会近年来先后制定《会长办公会制度》《财务管理制度》和部门工作职责等规章制度。在基础管理工作方面，也逐步建立起电子文书档案、财务档案、会员档案、固定资产档案和各类工作台账等。

坚持“服务立会”，积极搭建服务平台，增强商会的影响力和凝聚力。“服务”是蒋振华最为看重的板块，“全心全意、全面周到的服务，可以让会员有坚强的后盾和依靠，从而对商会产生家的认同感”，他看得明白，在大平台中，势必会产生很多不同的声音，对平台的认同感就显得尤为重要。基于这样的理念，商会近年来逐步建立健全服务会员网络体系，成立了健康、金融、民生、高校四大专家顾问组，帮助会员切实有效

解决工作生活中的难题。“比如联系政府解决困难，联系业务；解决入学、就业、看病就医、购买住房问题；解决涉及劳务、法律、矛盾调解等问题，组织会员参加各类学习培训”，可谓事无巨细。

坚持“活动兴会”，积极发挥商会的功能，加强内外部合作交流，促进会员企业和地方经济发展。六年来，商会共组织和参加各类活动300次左右。除参加全国及省市活动外，商会还以分散、小型的方式，组织了多次会员座谈会，有针对性地解决会员的困难和问题。“我们还先后与安徽省及中西部地区部分省市招商局，以及全国100余家商协会，建立了合作、发展、共赢关系；与市招商局及部分县区工商联建立了合作交流关系，积极搭建平台，助推会员企业发展，助力徐州市经济发展。”

坚持“文化强会”，逐步形成了徐州徽商的文化特色，提升商会的品牌和影响力。“可以说，在商界，我们是最有文化品位的商会组织，这也是我们最大的特色”，蒋振华说到这儿颇为自豪，商会不仅成立了书画院、艺术团，还创作了会歌《徽商颂》及歌曲《安徽商会是我家》。

蒋振华与美国布法罗基督学院院长和夫人合影

坚持“慈善扬会”，勇于承担社会责任，树立大爱徽商的良好形象。“每年，会长们都要资助10余名贫困生读大学；我本人也在江苏师范大学设立了‘蒋振华奖学金’，奖励成绩优异的莘莘学子”，六年来，商会不间断地开展了捐资助学，扶贫济困，慰问部队、学校，慰问社会福利院、慰问环卫工人等慈善公益活动。“过去我们都是苦孩子，吃不上饭，喝不上汤，现在我们用勤劳智慧创造了财富，获得了成功，更应该用慈善去回报社会，更多更好地承担社会责任。”

大鹏一日同风起，扶摇直上九万里。蒋振华在徐州纵情驰骋数十载，从未忘却故乡的拳拳深情。2013年10月30日，由他牵线搭桥促成了全国首家跨省工业园区——萧县泉山工业园的正式签约。“萧县与泉山区缔结友好县区并合作共建工业园，将萧县在土地空间、用地指标、劳动力成本、优惠政策等方面的优势与泉山在企业资源、人才储备、城市功能辐射等方面的优势结合起来，实现跨省经济合作”，这种创新模式可以说“前无古人”。

与此同时，商会在党建工作方面也交上了一份漂亮的答卷。商会秘书长查新民告诉笔者，目前，商会下设的两个党支部共有48名党员。商会党总支据市工商联商会党委的工作部署，建立健全党组织档案和党建工作档案等基础工作，也积极地开展“非公有制经济人士理想信念教育实践活动”“党的群众路线教育实践活动”“两学一做”学习教育活动。

“很多商会半途而废，一是会员对会长、商会的重视程度低；二是会费收不上来”，蒋振华一早就意识到商会生存发展的关键所在。“这并不容易，六年来，蒋会长积极承担责任，在金钱和精力上主动奉献，与秘书处及时沟通掌控全局，对待会员更是表示出了极大的尊重和宽容”，查新民对其表达了由衷的敬服，“我们的会员，文化修养其实是参差不齐的，他身为会长，都是一视同仁，能办的事都热心去办。商会的大小工作，也都是商量着来做，从来不会是他一家之言。来不及开会的时候，也一定要让秘书处给所有的会员打电话一一告知到位，保证商会的思想统一”。在查新民眼中，商会班子的团结对商会影响极为深重，而蒋振华的存在则是定海神针，“2016年商会换届，从上到下，没有第二个声音”。也是这份卓越的领导才能，让蒋振华在徽商云集的江苏脱颖而出，并被选举成为江苏省安徽商会轮值会长。

商海浮沉三十余年，蒋振华一路走来，改变了许多，曾经那些展露在外的“虎性”被他悄然收起，而其身体内蕴藏的“虎性”却日渐峥嵘，赋予了他大将风采，赋予了他虎啸生风的力量。

2017年底，在家乡安徽，蒋振华再一次接受了“中华百名优秀徽商”桂冠。“徽商起东晋，成长在宋唐，博大精深徽文化，哺育了徽儒商……辛勤力耕，亦儒亦商，厚德包容，拼搏自强……一言九鼎，我们诚信经商，服务奉献是我们追寻的方向”，在他写给商会的会歌《徽商颂》的歌词里，蕴涵着他对徽商文化、徽商精神的深入理解。

他恪守着，践行着。

六尺巷、龙眠山，这是桐城文化谦逊包容、和谐礼让的代表，也是『桐城派』的命脉所在。

梅 锋

重庆市安徽商会会长
安徽省城建设计研究总院股份有限公司副总经济师兼重庆院院长

梅　锋
山城筑梦

文/戚　飞　摄影/姜朝洋

2019年4月初，合肥。

就在清明小长假前夕，梅锋从重庆赶回合肥。几天的时间里，他已经奔走在省内多个组织机构之间，争取相关部门对商会发展建设提供支持。

这个季节的江淮大地，少了些雨雾的滋润，多了些阳光映照下的慵懒。已经临近中午时分，梅锋脸上还是呈现出一些倦意。这几天快节奏且密集的行程安排，让他难以从中抽身出来。

房间角落中堆放着的，是他刚刚从家乡桐城收获的“心头好”——桐城小花。但凡是桐城籍的徽商企业家，都有这么一个不约而同的嗜好，那就是对于家乡特产茶叶的无限偏爱。清明前是采摘极品茶叶的最佳时机，因此，除了办好正事之外，梅锋特地赶回桐城一趟，从家乡相熟的农民手里收来近80公斤上好新茶。为此他如获至宝，一脸的骄傲。

水与茶的交融，氤氲出独特的香气。梅锋轻尝一口，顿觉周身舒适。

于是他打开话匣子，对商会未来发展的构想蓝图，就这样铺陈开来。

重庆！重庆！

2019年4月27日，重庆市安徽商会换届大会暨全体会员大会在重庆喜来登大酒店盛大召开，商会全体会员单位代表悉数到场，经过大会选举，梅锋当选为第四届重庆市安徽商会会长，并将在今后五年时间中带领在渝徽商走上全新的发展道路。

2006年，重庆市安徽商会经重庆市民政局审核登记，成为取得独立社会团体法人资格的民间社团组织。成立之时，商会有十几位副会长，梅锋就是其中之一。

“当时的重庆市安徽商会，是在老乡会的基础上发展起来的，到了那个阶段大家都呼唤有这样一个组织来亲近关系、增强交流、促进发展”，梅锋介绍。

商会成立之初，得到了在渝安徽籍领导的大力支持，正是因为他们的积极促成，将在渝徽商从过去松散的老乡组织，凝聚成了一个省级商会组织。

“商会成立之后，前几任会长、秘书长作出了很大的贡献和付出，奠定了商会发展的基础”，梅锋说。秉承着“服务、维权、牵线搭桥”的原则，商会能切实为会员服务，为在渝安徽老乡提供帮助。

在商会特色工作的开展上，重庆市安徽商会也进行了成功的探索。不仅打造了独具特色的“徽商赶场天”活动，其灵活、包容的活动形式深受会员喜爱，还推出了全国第一部反映徽商与法律文化的书籍《徽商法律文化研究》，引起业界广泛关注。

早在2009年，商会就与重庆工商大学、西南大学、西南政法大学等高等院校机构建立校会合作。一方面组织企业和企业家参与公益助学，另一方面通过这种前瞻性的互助帮扶，与院校在MBA教育培训、企业职工教育、职业技能资格培训等方面建立起广泛的合作。

在这种合作方式推动下，重庆市安徽商会专门成立大学生分会，在重庆各大院校中建立起大学生层面的商会组织，积极联络年轻乡友，解决他们的困难，关心他们的发展。同时，他们不断开展相应的交流活动，重庆市安徽商会的各项工作得到了会员一致好评。

高擎旗帜再出发

服务会员，促进发展。

梅锋上任之后，将以上两项工作作为未来五年中重庆市安徽商会工作的重点，以“五星商会”作为组织建设目标。

为此，他筹划了一系列具体措施来保障计划与目标的推进。“将成立专职秘书处，组织开展一系列服务会员的主题活动，与优秀兄弟商会开展广泛交流。提供服务、反映诉求、规范行为”，梅锋说。要多走动、多沟通、多交流，在交流信息中牵线搭桥，在促进发展上下功夫。希望全体会员齐心协力，互帮互助。要把商会办成会员的“联络处”，会员的“服务中心”，秘书处的工作人员要加强各项服务工作，具体落实和维护全体会员在经营活动中的合法正当权益。增强会员的凝聚力，带领和引导会员一心一意谋发展，聚精会神干实事，让商会的每一家优秀企业和每一个创新项目为“徽商”这块金字招牌增光添彩。

尤其是理事单位以上级别的会员，需要定期组织座谈活动。此前作为重庆市安徽商会的执行会长，梅锋一直注重对外交流合作，加强皖渝两地政府和企业的联络沟通。

在梅锋看来，身为在渝徽商，他们就要不遗余力地增进皖渝两地之间的交流。“我们身在重庆，心系安徽，全体会员从事的工作涉及各行各业。商会主动与两地政府多联系、多汇报，与企业多沟通；扩大商机，寻求机遇。重庆是西部唯一的直辖市，经济发展强劲，市场广阔，商机无限。安徽紧邻华东、上海大城市群，两地经济互补性强，合作前景广阔，我们要学习重庆人民‘行千里、致广大’，我们更要弘扬徽商精神，做皖渝两地的桥梁，做重庆经济发展的实干家。”在4月27日换届大会上的讲话，表明了梅锋在此项工作上的决心。

在全国各个商帮组织当中，浙商商会的组织紧密性与发展抱团性给梅锋留下了深刻的印象。由于以马云为代表的商界领袖所产生的巨大号召力，让浙商商帮群体焕发出无限的发展活力。

对此，梅锋认为徽商商帮群体是中国历史上最负盛名的商帮之一，其文化底蕴深厚，精神内涵丰富，而当代徽商缺乏对于这种文化宝藏的挖掘、学习和传承，“是我们自己丢掉了老祖宗最宝贵的东西，而这些灿烂的历史与文化，本来应该成为我们新徽商群体最闪亮的一张名片、是最鲜艳的一面旗帜”。

但凡在外打拼的安徽人，都历经风雨沧桑、尝尽人间冷暖。“前世不修，生在徽州，十三四岁，往外一丢”，这句话既道出了徽商群体浓郁的经商文化氛围，同时也饱含着他们立志改变生活现状的无奈与内心的情怀。

2010年，梅锋作为在渝创业打拼的安徽代表，接受了当时知名度很高的安徽电视台《天下安徽人》节目的采访，他在节目中也分享了自己的奋斗经历，生动展现了徽商群体从底层艰难创业，到一步一步创建事业，打造出徽商品牌的辛酸历程。

对徽商文化和徽商精神的传承，以及实干兴邦是梅锋对商会建设和徽商群体抱团发展的核心理念。对此，他个人付出了大量的努力，也取得了各界的认可。

2012年，梅锋作为重庆亿恒包装有限公司董事长参评第二届徽商奥斯卡全球年度盛典“十大徽商精英”，并最终当选；2013年，他被《中国县域经济报》评为“首届来渝创业十大风云人物”称号，成为在渝创业安徽人的典型代表；2017年，“亿恒”商标被国际徽商精英年会评为“徽商知名品牌”，其企业系中粮、乌江、来宝、南吉等知名企业重要的合作供应商。

一张船票的乡愁

20世纪80年代初，安庆地区交通不便，远方出行以水路为主。

16岁的梅锋，决定利用假期离开家乡出外闯一闯。这番看起来有些鲁莽的决定，竟得到了父母的支持，这让他信心大增。

改革开放之后，桐城涌现出10万销售大军，他们走向全国各地。后来桐城发展成为继广东庵埠、浙江龙港之后的全国第三大包装印刷基地并逐渐形成了“安桐产业带”。

在这浩浩荡荡的10万销售大军中，梅锋成了普普通通的一员。就他自己的话来说，当年来到安庆渡口，就连要往哪里去都没有一个准主意。“前面人买了一张去湖北黄石的船票，轮到我时，就这么随口一说要了一张一样的船票”，梅锋回忆道。

兜里仅仅揣着135块钱，他开始了人生第一次销售历程。为了节约生活支出，他每天只吃两顿饭，顿顿都是5角钱一份的小面。至今他都难以忘怀、刻骨铭心，那最简单的面条里，全是酸楚的味道。

做推销的行当，讲究人脉和沟通技巧。对初出茅庐的梅锋来说，这一切都是零，需要他自己摸爬滚打。但是，谁也没法如此轻易地与一个毛头小子做生意。

但凭着一份执着和坚持，他每天步行几十里，终于在湖北省英山县金龙酒厂获得了人生第一份订单。梅锋在上学的时候，曾被知情者视为一个商业奇才。

1985年还在上初中的梅锋，发现学校旁边有个乡办企业，因为印刷质量问题，发往山西的腐竹袋被退了货，食品包装袋堆了一屋子。梅锋自学成才做起了生意，他选择周末时间拿着样品去庐江县周边联系客户，确立口头订单，下个周末再推着自行车给客户送货，最多的一天挣到了450元。就是凭着这样的生意头脑和顽强的毅力，梅锋在中学时代赚到了3万元的巨款。

20世纪80年代，初中生，3万元。

这些关键词连起来，不得不让人发出惊叹。

但梅锋是敢拍着胸脯来表达这种自豪的，“上次回到家乡遇到我的老师，他还印象深刻地跟我聊起了这段传奇的经商往事”，梅锋说。

家中四个兄弟姊妹，他是最调皮的一个。贫寒的家境让他从小对追求富足的生活充满着坚定的信念，于是他早早立下志向要出去闯世界。

随着生意的扩大，梅锋的产品销售到外省，当时在重庆的销售慢慢有了起色，一个小小的瓶盖生意，撑起了他心中的梦想。从家乡桐城起步，梅锋依托家乡的产业传统和基础，凭着自己的执着和真诚感动了一

个又一个客户，打拼出了属于自己的一条事业路。

“20世纪80年代末我用自己挣到的钱，给老家修了房子，在那时候已经是不得了的事”，改善自己和家人的生活条件，这原本是人最淳朴、最直接的奋斗动力，让梅锋感受到通过奋斗可以实现自己的梦想。

没有谁的创业历程能够一帆风顺，在20世纪90年代末，梅锋遭遇了一场几乎是毁灭性的打击。由于两家大客户的同时破产，上百万应收货款成为泡影，梅锋经历了人生第一次大挑战。

此时的梅锋，开始认真思索未来之路。

“家乡同业竞争激烈，面对的客户群体很大程度上是相互覆盖的，同质化竞争在长时间的蛰伏后开始显现”，梅锋认为，重庆是自己客户群体的聚集地，经营多年，入住重庆创业，比其他人生地不熟的地方要好得多。

1997年，随着全国人大八届五次会议批准设立重庆为直辖市的春

风，西部经济中心正在以前所未有的速度和活力向重庆聚集，重庆也向世界展示出博大的胸怀……

“当时重庆招商引资的政策非常好，也特别适合我们这样的中小企业未来的发展”，2000年，梅锋出走家乡，在重庆开启了自己人生事业的第二段奋斗历程。

2001年，他租用厂房成立了重庆亿恒包装有限公司，经过五年的艰苦创业，他在行业内积累了大量的资源和客户群体。经过慎重选择，2005年他又在李渡工业园区聚龙大道88号，建设全框架厂房和办公楼，引进当时最先进的全自动PE塑料瓶、PET生产设备，使销售额倍增，并使企业在近年来陆续成为中粮、来宝、乌江等知名企业的重要供应商。

安徽城建，为渝增彩

在重庆，梅锋没有让自己失望。

从老本行干起，他一步步循迹脚踏实地、实事求是，并在过程中不断反思，在面临市场危险时机智躲闪，没让机遇流失，也没让危机打败。

他再次站立起来，不在东山，而是西南。

从此，他与这座始终被薄雾笼罩、空气中弥漫着辛辣气息的城市结下了不解之缘。

说起在重庆的发展，他并没有觉得是命中注定，却又深信似乎是冥冥之中的际会。他对重庆人的豪爽、包容特别赞赏。

他自己开始并不能吃辣，也不喜欢这边的潮湿空气。但有着“徽骆驼”精神的徽商，遍及全国每一个角落，他们向世人展现了超强的生存适应能力和不屈不挠的奋斗精神。

因对国家政策和市场有着敏锐的洞察力，梅锋及时开创了另一项事业。

2010年，住房和城乡建设部发布《全国城镇体系规划纲要2010—2020》，明确了重庆市作为国家中心城市的规划和定位。同年，中国第三个副省级新区、中西部第一个国家级新区——两江新区正式挂牌成立。有着鲜明老城特色的重庆城市建设工程如雨后春笋般开展起来。

安徽省城建设计研究总院股份有限公司为安徽省国资委下属企业，设计资质几乎全覆盖，属于国内综合实力排名靠前的大院。按照总院战略部署，要求在全国开展业务，梅锋大胆承担了重庆分院的筹建工作，并顺利完成备案开业，依托总院强大的优势顺利开展设计业务，并实现开门红，取得了良好的成绩。在习近平总书记提出“绿水青山就是金山银山”的理念指导下，根据当时总院的实力和综合资源，梅锋大胆建言要采用EPC总承包方式承建项目，他说这样才能真正体现价值，这一提议得到了总院领导的大力支持。

EPC是工程领域的大势所趋，全国都在推行，重庆亦正在大力推进。

梅锋看准了这个时机，也笃定这种模式的开启将确保设计院初衷的实现，对全过程的把控，效果一定出彩，更会取得良好的社会效益。梅锋大胆向政府部门提出，要参与以设计牵头的EPC项目竞争。天公作美，他如愿了。安徽省城建设计研究总院股份有限公司喜获重庆首例以设计牵头的园林景观EPC总承包项目，金额7700万元，工期35天。合同条件极为苛刻，时近春节，工期紧，任务重，地形复杂，属于内环快速道边坡上的无人区。为了打赢首场攻坚战，在重庆EPC领域打开局面，取得良好开局，总院全力配合，特派35岁的年轻住建部专家、教授级高工鹿雷刚院长亲自驻点督战，快速组织500名园林景观施工人员进场，日夜奋战，按时顺利完成了首场攻坚任务，创造出新的重庆速度，给重庆市民送上了一份惊艳的春节礼物。该项目位于重庆市南岸区黄桷湾立交内环快速道入口段。重庆电视台和众多平面媒体也进行了跟踪报道。该工程成为重庆市园林景观项目的样板工程，得到了重庆市、区政府及部门领导高度赞扬。

这便是让梅锋在朋友圈感慨“废寝忘食几十天”的重点项目，也是2018年他在EPC领域的重磅和标杆性工程。

“黄桷湾立交内环快速道入口段门户景观工程，北起大佛寺大桥，南至黄桷湾立交，全长约2.12公里，总面积约21.5万平方米。在设计充分尊重场地梯田、台地、裸岩等原生肌理，用色彩强化、枯山水、台地花海、广义盆景、立体绿化、石笼(生态自嵌式)护坡等复合设计手法，分别打造了绿屏迎客、九曲花海·台地公园、写意山水、流金叠翠、砂石画境、山花烂漫、凝霞秋色等七个景观主题节点。”梅锋介绍，“后期在植物配备上，将采用丰花月季、木春菊等为基底，上层采用美人梅、红梅海棠等春花植物为主题，夜景亮化采用混光和超频两种技术措施，洗墙灯勾勒九曲形态，荧光灯渲染花海面域色彩效果，为市民提供多姿多彩的夜晚风光。”

现在见到梅锋的人，都会对此项目给予一番夸赞。

在梅锋看来，安徽城建院参与重庆园林景观的提升美化，作为在渝深耕三十多年的安徽人，能够为这座城市打上深深的安徽元素，并且是充满了美感的安徽印记，就这一点，就足够令人感到心绪难平。

就在此前一段时间，梅锋在重庆不断陪同各界领导参观该项目，“城市美化工程不是一项易事，因为所有市民都将目光聚焦在这里，只

有得到市民的认可才能代表我们的成功”，可想而知，废寝忘食的他一直承受着多大的压力。

来自镜头的记录、媒体的展示报道、各界领导的认可和广大市民的好评，给梅锋吃下了“定心丸”。

梅锋代表安徽省城建设计总院正在策划更大影响力的项目，让徽商这块金字招牌在重庆大地大放光彩。有了“九曲花海·台地公园”项目的成功经验，梅锋更加信心十足。

“安徽城建，增彩重庆”，是梅锋在重庆做事的首要宗旨。

我家六尺巷，情牵龙眠山

在外创业多年，梅锋回家乡的次数并没有多少。由于工作等方面的原因，他现在要常到合肥去办事，因时间关系，对桐城时常是“过家门而不入”。

“就是因为回去少，在老家还有很多发小和儿时的老朋友”，梅锋说。不像很多企业家往往都有“衣锦还乡”的情结，每次都高调出行，呼朋唤友，梅锋对此并不热衷。他的父母现在在合肥生活，这让他更少了一点回家乡的理由。

说到桐城，他口中反复强调的一个地名、一个热词就是“六尺巷”。

“六尺巷现在真的是不一样，不仅已经成了桐城最热门的景点，也成了安徽的代表”，梅锋说，“六尺巷周边正在进行整改，将通过统一规划设计、美化、建设，打造一个全新的六尺巷文化旅游综合体”。

梅锋强烈地感受到了家乡的变化，“六尺巷”不仅是徽商灿烂文化的一个缩影，也是历史上最负盛名的“桐城派”文化的代表。近几年来，六尺巷的快速走红，离不开桐城市委、市政府的高度重视和徽商企业家对桐城文化的传承、打造和推广。

桐城文化将通过影视剧作品被搬上全国人民的电视荧屏，这让桐城家乡父老无不激动期待，并且《六尺巷新故事》在拍摄完成后，有望很快在央视一套播出。

梅锋获知这个消息后，脸上也洋溢出一份骄傲。六尺巷、龙眠山，这是桐城文化谦逊包容、和谐礼让的代表，也是“桐城派”的命脉所在。千百年来，桐城人民正是在这种文化的熏陶下，在绵延百里的龙眠山庇佑下，创造了商业传奇。

看到家乡这番全新的面貌和快速发展的势头，当年一张船票的乡愁此刻迸发出浓厚的家乡情感。梅锋能够为异乡的城市建设出谋划策，更能为家乡发展添薪加火。他希望这种情怀，通过重庆市安徽商会的平台，传达、传递、传染给更多在异乡奋斗的徽商，未来他们或将抱团回报家乡、建设家乡，而徽商故里也时刻迎接着他们的归来。

我家六尺巷，情牵龙眠山。

居善地，心善渊，与善仁，
言善信，政善治，事善能，
动善时。夫唯不争，故无尤。

陶福海

天津市安徽商会常务副会长
天津天友环保科技有限公司董事长

陶福海
人生就是最好的修行

文/何晓珺 摄影/姜朝洋

尽管陶福海一再表示自己的人生毫无亮点可言，但从他口中从容不迫说出的故事里，仿佛拉扯出了一条线，他一路追随着线头的所在，就这么被牵引着，从安徽的偏僻村落寻到了他人生的目的地——天津。

11月的天津冷冽、空旷。陶福海的办公地点位于天津滨海新区的一栋多层楼房内，偌大的办公室里，办公区、会客区、饮茶区清晰分立，和多数企业家工作场所略显雍容的装饰相比，陶福海的办公室显得颇为朴实规整。

他身着西装领带，笑意盈盈，热情却不过分热络，平易近人而又不失威严。与笔者说起多年前那个一身闯劲的少年郎，他不紧不慢，娓娓道来。从小木匠到开家具厂，从深挖地下48米煤矿到建造地上百米高楼，从普通的劳动者到数家公司的掌舵人，从负债累累到北上掘金，光阴流转30年，他始终用自己的人生哲学用力书写着属于他的“五行”人生。

木——一举成名

1982年，陶福海18岁，这一年，是他人生的分水岭，他正式告别学生生涯，步入社会。连续两年参加高考的他选择成为一名木工学徒，两年时间的深入钻研和勤于练习，为他出师后第一套作品的一举成名打下了稳固的基础。

“当时，客户瞧中了一套设计极为时髦、图案复杂精细的家具，但它的制作难度非常大。我看完原版复制了图纸，开始了为期79天的制作，最终将这套家具打磨出来”，近3个月时间里，陶福海日出而作，日落而息，他的辛苦付出与成品的完美呈现让客户感激不已，主动提出加价，“当时木匠一天的工时费是2块，他加到了2块5”。这笔生意不仅让他赚了170元，其精湛的手艺更是迅速传遍矿区，“矿里来了个小木匠，手艺特别好”。

公职人员月薪也不过40多块钱的年代，170元对一个初出茅庐的农村小伙来说堪称天上掉下的馅饼，随后，一笔笔订单如雪片般向陶福海飞来，“第二套280元，第三套350元……”回忆往昔，陶福海掩不住兴奋，“差不多20来天一套家具”。

财富积累如此迅速是陶福海没有想到的，1985年在第一个客户家里看到的令人羡慕的14寸彩电，短短两年后，就被他带回了家，双卡收录机、冰柜、摩托车等时髦玩意儿都被陶福海揽入家中。与此同时，他还带出了11个徒弟。

生意越来越好，他萌生了开家具厂的念头，“初生牛犊不怕虎，从陶冲直接去了铜陵市”。现实远没有预想得简单，无法进驻商场展销，于是拿不到订单，没有后续资金维持周转，“非常可惜，我们的家具都是采用上海最新的样式，比铜陵市任何一家家具厂都要新颖，如果能打开市场，一定非常有竞争力”。不得已之下，陶福海退回陶冲开家具厂。

身处改革开放的大背景下，亲身经历并见证着社会的飞速发展，商人群体可谓是与时代同频共振的深刻体验者，站在时代潮头的陶福海感受到自己面前正在铺展开一幅巨大的卷轴，他抑制不住想上前添上浓墨重彩的一笔，“我还不到30岁，根本无法安于现状，我总是想着要往上，要更好”。

这一次，他从仅仅做家具生意扩展到了家居装修业。在铜陵市人流量最大的百货商场租了店铺，最后的结果依旧是不尽如人意。“我们错估了市场形势，走得太快、过于乐观，事实上，当时铜陵家装市场接受度比较低”，无疾而终的陶福海又重新回到陶冲，他打造家具的手艺没有丢，矿区的口碑依然在，上门寻求定制的家具订单只增不减。

尽管家具生意红火，但两次闯入铜陵、两次被拒之门外的遗憾难以消散，掘金的火种已然在陶福海心头肆意蔓延。

火——“上帝跟我开了个玩笑”

山中天气颇为清冷，陶福海躺在山上搭建的简陋工程棚里小憩，屋外突然传来急促的敲门声。“肯定是出事了”，他一跃而起，拉开门便听到，“老板，煤没了”。他顿时心内一紧，立马换上胶靴，和工人下了矿井。

时间拨回到两年前。“往下挖30米，绝对能挖到煤。”“30米？既然要挖就挖60米。”陶福海这个大胆而热血的决定，把他推向了人生最大的旋涡之中。

在那个挖到煤就等于挖到黄金的年代，商业直觉敏锐、杀伐决断的陶福海自然不会放过宝贵的掘金机会；另一方面，他也不再满足于将自己局限在家具制造领域。1995年，他一边兼顾家具厂，一边投资煤矿生意。次年，他便壮士断腕，彻底抛下家具厂，花费4.8万元买了一个煤矿，将所有积蓄都投入其中。

行事大胆、做事稳健，是陶福海一直以来的风格。“万事总讲究个规矩，买下煤矿后，第一件事我就将煤矿开采证等相关证件办下来，确保日后一切行为都是有法律依据的。”去往煤矿的山路极为曲折，为了能让卡车安全行驶到山头拉煤，他带领工程队生生炸出一条路，除修路之外，还得保证电力通畅，于是他又架上电路，也算是变相为村子里做了点实事。对于安全制度的严格监管让陶福海的煤矿在两年间没有出过一起安全事故。他本人更是不管刮风下雨，始终坚持两点一线，骑着摩托车每天奔波两趟，对刚刚起步的煤矿事业踌躇满志。

“过了一道道关卡，我知道，确实开采不出来了”，陶福海没能挖到预期的60米，“在地下48米处，我们挖到了煤，煤的质量非常高，当时真是兴奋得晚上睡不着觉。但开采了一段时间，煤就没了”。一盆冷水浇到了头上，让他慢慢定下神来。“我当时就想，挖这么深，才这么点煤。下面还会有吗？即便开采到，因成本过大，投入的钱也根本收不回来，得不偿失。”

“有价值就开，没价值就扔”，那一刻陶福海凸显出了企业家的魄力。1998年，他以1万元的价格将煤矿卖出，尽管因为投资失败而负债累累，但此番“断臂求生”让他不至于倾家荡产，他的决定后来被证明是正确的，和他同期开矿的几位老板都赔得血本无归。

可这一次，和以前不同了，前路茫茫，回首身后，亦无退路。在他安心做煤矿生意的两年时间里，家具市场早已发生了巨大变化，此刻他再想操起老本行东山再起，几乎没有可能。

“希望变失望，失望变希望，循环往复，人生就是这样。”陶福海没有时间掉眼泪，痛定思痛后，他决意离开家乡，去更大的城市开辟疆土。“我出资安排家里人分别前往北京和广州考察市场，我自己则去了无锡和上海。仔细考量后，我还是觉得北京的发展可能性比较大。”

人生的轨迹如此奇妙，当他轻轻合上故乡的窗，1000公里外的地方却已然为他悄悄打开了一扇新的人生大门。陶福海没有被失败裹挟淹没，他冲出旋涡，孤身一人，从南到北，忐忑而执着。回忆往昔莽撞岁月，陶福海带着一点感怀，带着一点调侃：“上帝跟我开了个玩笑。”

十——“我需要的是扎实”

“别的不用说了，明天能来多少人？”

接手人生首个工程项目时，甲方项目经理不耐烦地丢给陶福海这句话。准确地说，陶福海还没有接手，他只是个面试者，在原工程队与甲方发生不可调和的矛盾而被甲方清场时，他充当了接盘侠。

“您好，我中午才接到电话，得知项目出现问题，让我过来看看。坦白说，我对你们项目的具体情况一无所知。您问我明天能来多少人，第一，不可能有很多人在等着来这个项目；第二，需要多少人得看项目进展情况，我必须根据实际进行配备。但我能保证，来三四十人没有任何问题。”见甲方态度逐渐缓和，“这样吧，明天我先带三十多人过来，也让技术人员具体了解下现场出现的问题，再做具体配备。您这边哪怕再着急，也不会急这一天半天”。

逻辑清晰、不卑不亢，陶福海坦诚而实在的回答帮助他拿下了人生第一个工程项目——白孔雀艺术世界。与此同时，不到三天时间，在他的指挥管理下，工地恢复正常，团队出色地完成了项目任务。

陶福海不打无准备之仗，为了这短短十分钟的面试，他足足准备了两年。1998年刚到北京时，举目无亲，他将全部心思都放在事业发展上，鉴于以往栽的跟头，他深知选择正确的方向远比盲目干活更重要。从做家居装修到开始接触了解建筑工程行业，陶福海认定这一行潜力巨大，“做家装一个工程顶多五六个人，做建筑一个项目施工就百十号人，体量完全没法比，且建筑单体工程款额度较高，盈利空间大”。

确定方向后，陶福海从零开始学习，彼时，他已35岁，以新人的身份重新进入全然陌生的环境和行业，从信息储备、业务形态、工种分类、人力资源等各个块面一一仔细琢磨，并入职安徽省江淮建筑劳务有限公司，从底层开始干起。“既然选择了这行，我就要把每一个环节都搞清楚。”

这段经历让他在2000年有勇气也有能力接受突如其来的挑战，并且交出了一份圆满的答卷，“这个项目在北京德胜门附近，当时我就想一定能旗开得胜”。

以此做基础，陶福海真正开始了他的建筑生涯。尽管也曾因项目拖欠款而无奈选择停工两年，但停工期间，他自考大专建筑专业，不断丰富行业相关知识。这种学习的劲头在他的人生中从未间断过，“我们董事长这些年花在学习上的费用估计能达到百万”，他的秘书告诉记者。不管事业多繁忙，他都尽可能抽出闲暇时间来学习、阅读，并靠着强大的定力和毅力完成了本科、研究生的课程学习。“让自己沉静下来，我需要的是扎实。”

另一个人生转折点是在2005年。这一年，他从北京移步到了天津，从做二次结构初装修进化为做建筑主体建设。这得从北京博雅临湖轩项目的出色完成说起，在甲方的高度认可下，又将天津奥林匹克酒店式公寓两栋楼放心交给了当时从未经手过主体建设的陶福海。“从地下1层到地上31层，对我来说是极大的挑战”，尽管在建筑主体块面钻研多年，对建筑结构、结构力学等相关知识已经有了充分了解，但面对需要拔地而起的高楼，陶福海不免心里发怵，但他很快就用事实证明，经验上的不足可以通过超出常人数倍的勤奋来弥补。验收的高质量为他赢得了更多项目，最忙的时候，他往返于天津、北京、山西三地。直到2008年，他正式完成飞跃，开始做总承包。

“历史车轮滚滚向前，时代潮流浩浩荡荡。历史只会眷顾坚定者、奋进者、搏击者，而不会等待犹豫者、懈怠者、畏难者。”这段引自党的十九大报告的话或许是陶福海不畏惧改变的原因，他的血液里流淌着的正是坚定、奋进与搏击。2010年左右，他从政府释放的信号中察觉到房地产未来发展前景不会持续向好，企业若要再进一步，必须及时寻求新的着力点。如何转型升级？陶福海选择把鸡蛋放到两个篮子里。

一方面，在环保行业抬头之际，他于2013年成立天津天友环保科技有限公司，“也是跨越层层障碍，如今公司正向好、向上发展”。此外，他将发展重心由房屋建设逐渐转移到基础设施建设上。在他看来，建筑行业带动着数十个产业的发展，建筑业一旦萎缩，势必会影响国内生产总值。这其中，基础建设的施工潜力巨大，也是建筑施工企业的一大机遇。基于此，近些年来，他与天津房信建筑工程总承包有限公司、天津天房建设工程有限公司、天津宇达建筑工程有限公司、中铁上海工程局集团有限公司等多家企业展开了深度合作，参与到天津多条地铁、轻轨的城市基础设施建设中。2015年，天津滨海新区被列为国家级高新区，并被列入京津冀协同发展大战略中，侧面验证了陶福海的远见卓识。

历经多年发展壮大，其管理团队的成员从个位数增至七八十人，旗下工人六七百人，年营收从百万、千万到以亿为单位，公司在陶福海的带领下，一路稳步发展。未来，他表示将继续扩大经营规模，增加业务范围，紧跟市场步伐。

水——崇水之德

陶福海是一个敏感和钝感的兼容体，敏感在于他对市场有着极为敏锐的洞察力和感知力；钝感在于即便在商场摸爬滚打了这么多年，他依然保有一份淳朴和纯粹。

梳理他的人生历程，你会惊喜地发现，这名行走在商路上的虔诚取经者，即便遇到"魑魅魍魉"，也有"各路神仙"下凡引路。你可以说，如他的名字一般，福如东海，冥冥之中，自有护佑，但或许，更为确切的事实是，他身上所展现出的珍贵德行，为他带来了好运。

二十年前那场煤矿投资，虽然在金钱上颗粒无收，却让陶福海结识了日后从商路中对他产生至为关键作用的一个人。当时，一位来自北京的年逾花甲的投资人，对实际开采情况知之甚少，却一直被合伙人蒙在鼓里。"我卖掉煤矿后，实在不忍心看其白白撒钱。"一次机会，陶福海得知其要来矿上勘察，便决意把骗局戳开，于是主动找到他，语重心长地分析了当地煤矿的情形，劝其及时止损，"所幸老人家听了我的劝告，选择了撤资"，由此他们结下一段情谊。没有想到，在后来前往北京打拼的过程中，正是这位老人的引荐，让他得以与天津房信建筑工程总承包有限公司搭上线，"我能有今天，其是得益于这位北京的老板"。可谁又能说，不是得益于他率先交出的诚恳与善意呢?

老子《道德经》第八章中写水的德行，极为精妙。"上善若水。水善利万物而不争，处众人之所恶，故几于道。居善地，心善渊，与善仁，言善信，政善治，事善能，动善时。夫唯不争，故无尤。"意思是说，最高境界的善，和水的品性一样，水善于帮助万物而不与万物相争，它处在众人所不喜欢的地方，所以接近于道。上善之人要像水一样低调，安于自己应处的位置；心要像水一样平静有气度；与人交往要像水一样友善仁义；说出的话要像水一样真诚有信用；处理政务要像水一样有条理善调治；做事要像水一样善于发挥自己的才能；行动起来要像水一样能够把握时机。正因为像水那样与万物无争，所以才没有烦恼。

细细读来，文中所提水之七德恰与陶福海的为人处世之道不谋而合。

从事建筑行业多年，他始终保持低调心性，心甘情愿做幕后的“无名英雄”，此谓“居善地”。

在采访中他反复提及“不争”二字，曾经失败的投资经历时刻提醒着他切勿争抢莽撞，此谓“心善渊”。

在一笔夭折的合作洽谈中，用真诚赢得了后来在他危急时刻专门辞职来帮忙的一级项目经理；热爱书法，尤爱中国北京书画院院长张惠臣的隶书，囿于工作繁忙没有过多时间创作，便无偿出资百万赞助各大书画展，让中华民族传统艺术得以被更多人看到、热爱、传承，“对文人墨客，有一份敬畏之心在”，此谓“与善仁”。

婉拒江淮建筑劳务有限公司高薪聘用的总经理职务，但承诺在需要时定会出手相助，于是多年来义务帮助老东家处理、协调相关事宜，此谓“言善信”。

员工年纪尚轻，却对他心服口服，对公司颇有归属感，“家”文化在陶福海这里不是塑造出来的，而是真心实意让员工感受到的，此谓“政善治”。

做一个项目，就用专业和敬业赢得甲方完全的信任和长久的订单，此谓“事善能”。

驰骋商海多年，紧掐市场脉搏，带领企业完成一个又一个飞跃，此谓“动善时”。

无论是骨子里的天生赋予，还是后天摸爬滚打中被生活抽打的印记，如今，这些记录在古老国学里的美好德行早就融入了陶福海的血液里。也是基于此，在商界这个旁人看来充斥着太多七窍玲珑心的领域，他依旧收获了诸多真实的友谊和敬重。

采访结束后，陶福海反复嘱咐笔者，“不要虚假、不要夸张、不要偏颇”。大多数时候，他表现得不像个企业家，与一些商界人士高调的目标相比，陶福海展示出的对于企业发展的信心更为柔和。这或许是他最为独到厉害的地方，即以水之至刚冲破来自人生的重重阻碍，以水之至柔不动声色，用一记“化骨绵掌”便让对手以及朋友“缴械投降”。

金——因亦是果

1964年出生的陶福海言语间颇有些乐天知命的味道，近40年的掘金生涯尽管坎坷不断，好在最终上天用企业的蒸蒸日上、营收的连年增长回馈了他数十年如一日的勤勉奋进、好学实干。

可以说，“金”是他人生努力的因，更是他人生奋斗后结下的果。从一名木匠小学徒到执掌数家企业的徽商企业家，从投资失败到每击必中，从高考落榜到完成专本硕课程学习……陶福海内心的富足感不仅仅是财富积累所带来的物质上的丰沃，更多的是他持续不断的学习所带来的精神上的丰裕，对家人、爱人、朋友关系的平衡所带来的心灵上的安定，这些才是他人生最大的金矿。

如今他事业有成、家庭美满，母亲身体健康，儿孙膝前环绕。曾经让他头疼万分、一度被送去习武的大儿子已及而立之年，早就改掉了青少年时期沉迷游戏的叛逆，一手创立了天津最大、全国排名前十的车友会，在天津年轻一辈富豪中颇具威望，同时一边做投资，一边逐步接手父亲的企业。16岁的小儿子，个性活泼张扬，也即将升入高中。

提及发妻，他更是笑眼难藏，结婚30余年来，两人始终相守相知，“我们分开最久没有超过五天”，陶福海有他的婚姻法则，“结了婚就要一心一意。每个人都会在婚后看到比你现在伴侣更优秀的异性，这很正常，但你心里得清楚，能够真正理解你、陪伴你，真正走进你生活的只

有你身边的这位”，这些过来人的宝贵经验，他从不吝与手下员工分享，“选择的时候你可以挑剔，但选择好了，就没有反悔一说”。数度创业，有成有败，妻子始终毫无怨言、不离不弃、相伴左右，每每想到这些，他的内心都充满着无尽的感激和爱意。

距离高中毕业已过去37年，前段时间，陶福海收到了高中同学发来的聚会邀请函，函中那句“无论你在天涯还是海角，无论你飞黄腾达还是在风雨中摇晃，无论你身居要职还是一介贫民，让我们走到一起，尽情享受老同学相聚的温暖”让他动容不已。时光无情，从青涩穷学生到稳重的父辈、祖父辈，容颜早已更改。时光亦有情，纵然飞逝却淬炼出珍贵的同窗情。如今已然是同学中的佼佼者，他却说：“他们应该不知道我企业的发展情况，我只是说做工程，从来没有刻意宣传过。”

一个来自铜陵老家的电话打断了采访，东联镇的新农村建设选中了陶福海在2009年为家人盖的小楼房作为示范点，但需要重新修个院落，他得知后颇为上心，几天来均亲力亲为、远程操控。在给记者展示的图纸中，院落的样式、门楼的造型都十分清晰，墙砖的数量、尺寸都一一标明，甚至连材质和颜色，都是他仔细考量后定夺的。他定居天津多年，工作缠身，很少有机会回安徽，但他骨子里依旧流淌着徽商的热血，他的根依然在那片他生活了多年的热忱土地上。

“当时我带的学徒，现在还有好几个在家居装修行业，都做得非常好”，说来不免可惜，如果当初没有投资煤矿，可能他的家具生意也有很大体量了，可没有那一出，他也不会结识日后慷慨帮助自己的贵人，不会毅然决然地选择离开故土、北上首都开启崭新的掘金路，也就更牵扯不出后来这个完全不同却精彩纷呈的人生轨迹，想到这儿，陶福海又笑了，“对我而言，一切都是最好的安排”。

一路走来，她
习惯大笑应对，
习惯洒脱，
习惯将难过的地方柔和，
将跌宕的地方抹平。

王 琼

广东省清远市安徽商会会长
深圳市六安医疗管理有限公司董事长

王 琼
岁月如花 不负芳华

文/何晓珺 摄影/姜朝洋

王琼这一次回六安，是为了处理医疗健康板块的事情。对于她而言，从纺织业到大健康、大旅游的转型是一个全新的挑战，使其热血澎湃。

她不是没有想过，当初倘若留在家乡，如今可能已经退休，每天享受着休闲生活的乐趣。可自1992年决定下海那一刻，她人生的轨道就已经从机动车道变换到了高速车道，一路油门，一往无前。

“我从来没想过退休。我觉得我对世界还充满着好奇，需要体验的新鲜事物还有很多，我要不断学习，持续成长，用个人的光华为世界做一点点缀。”

专注纺织三十年

作为改革开放后第一批下海吃螃蟹的人，王琼的身上，展露着安徽女性特有的洒脱、自信和真诚。

她1984年进入六安纺织厂，1992年在深圳的一次客户接待中受到赏识，一份工作邀请飘然而至。思虑再三，她终于在家人的支持下，孤身一人离开六安，前往广东。

刚到金泰集团深圳公司上班时，王琼是一名业务员，为了更好更快地发展业务，她可谓披星戴月。早上五点钟起床开始工作是家常便饭，上班更是一路小跑，“在那个年代，通讯费极为昂贵，即便有手机也难以负担，大多数人都是用BB机联系客户。所以我要比同事更早到单位，用单位的座机直接打电话联系客户”。

王琼笑言自己连说话的语速都变快了许多：“从前说话、走路、办事都是慢吞吞的，我很多同学看到我都说，‘我真没想到你可以变成这个样子’。”这是工作对她的加持，很多时候，和客户沟通的时间是有限的，必须在有限的时间内把想表达的表达出来，想好要讲哪几件事情，迅速清晰地阐述自己的观点。“当身边的人都在快步往前走时，你没办法止步不前，只能加快脚步。”

20世纪90年代，纺织行业极为兴盛，基本处于供不应求的状态。有时候货还在运输途中，棉花已经涨价了。王琼告诉记者，她印象中最离谱的一次，1吨纱在路上就涨了4000元。好在安徽是产棉大省，安庆、望江、淮北、六安等地均有着相应的货物可供发送，这算是“徽”姑娘王琼的一大突破点。

短短四个月，王琼便凭借出色的业绩被提拔为经理。“金泰集团在广东有多家分公司，庆幸的是，每年的经济责任制考核，我都能超额完成总公司下达的任务指标。”轻描淡写背后，是旁人看不见的艰辛和努力。外界的肯定给了她信心，也让她充分认识到自己身体里原来蕴藏着如此大的潜力。

在集团待了几年，王琼打定主意单干，于是创办了广州市琼威纺织有限公司，专注于牛仔纱线、布料及成品的生产销售。她告诉记者，其他布料很容易过时，但牛仔在美国已有两百多年历史，依然保持着新鲜的活力，既可复古，也可时髦。彼时，牛仔在中国刚刚兴起，有着巨大的发展空间。兼顾国内市场的同时，琼威也放眼海外，其70%的货物都销往了美国。

之后的十年间，王琼先后收购了多家纺织工厂，形成了棉花收购加工、纺纱织布、服装贸易一条龙产业链，产业可谓遍布全国，她也在纺织领域干得风生水起。

2006年经济市场发生了翻天覆地的变化，尽管她下海经商创业已有数年，但与金泰集团的前缘并没有断，从洽谈到成交，短短一个月时间，她便成功收购了原金泰集团旗下的冠龙纺织有限公司。这家名为“冠龙”的

工厂成为了王琼手上最大的王牌，让琼威纺织再上了一个新的台阶。

2008年，受次贷危机影响，中国纺织业出口萎缩，海外订单大幅减少，多家行业龙头企业濒临破产。全球最大的纺织工业集散地绍兴多家大型工厂相继停产，这对于纺织业来说可谓是行业地震。但凭借多年的经验和风险防控意识，王琼顺利渡过此劫。

随着城乡一体化的发展，2016年5月，考虑到冠龙工厂地处主城区的边缘，为纺织行业贡献了二十多年力量的王琼响应国家环保政策管控和当地政府实施工业企业“退城进园”的要求，主动关停了冠龙工厂。

“这家工厂是20世纪80年代初作为清远市政府重点项目开发建设的，时间过于久远，尽管机器在不断更新换代，但纺织印染和后期工艺技术造成的水污染依旧无法避免”，王琼心里过不去这个坎。其实早在2010年，她就开始着手选择转移阵地，在清远的其他工业园买地，打算出资重建一家零排放、零污染的工厂，但因政府迟迟交不了地，一直拖着没法搬迁。

“环保管控严，纺织企业‘退城进园’是唯一的出路，然而新厂搬不了，在这种很尴尬的情况下，我还是选择将工厂给关了，并依法依规对职工进行了补偿安置。”这大概是王琼从业以来最为坎坷的时刻，但她倒洒脱不已，“因为我有信心还可以把这些钱赚回来”。

无心插柳

回顾王琼的从业历程，不得不惊叹于她似乎踩准了每一步。参与了纺织业最鼎盛的发展历程，在旅游业开始兴起时又迅速转型，谋求多元化的发展。对此，她却直言，“很多时候我真的是凑巧”。

她与牛鱼嘴的相遇可谓短暂美好，一个人人避之不及的烫手山芋，王琼主动接住了。当时，牛鱼嘴几名股东无力支撑景区发展，意图寻找接手者，却因要价过高无人肯接。作为旅游业外行人的王琼，在朋友的介绍下前往位于广东省清远市清城区大帽山的牛鱼嘴原始生态风景区展开考察，“我没想那么多，全当过去旅游放松一下”，未曾想到，置身于原山原水原生态之中，她感受到了都市生活中从未有过的清新闲适，于是当机立断买下了这个占地5300多亩的天然低碳胜地，随后短短几个月便完成了股权转让。

尽管她的工作重心依旧在纺织业上，但景区在她的领导下，每年也有着不错的进账。2016年底，冠龙工厂关停，王琼意识到“上帝为你关了一扇门，就会为你打开另一扇窗”这句听起来鸡汤的话，竟在她这成了现实。关停工厂的她迅速重整旗鼓，将精力转移到旅游事业上。多年的从商经验历练了她敏锐的嗅觉和精准的判断力。

王琼深知，牛鱼嘴景区没有名山，也没有大川，只能在自有特色的基础上，不断往上增加砝码。而“岭南禾雀花王国”的称誉，让王琼抓住了景区发展强有力的“噱头”。她决定运用景区现有资源，将连续举办了多年的中国岭南（广东清远牛鱼嘴）野生禾雀花观赏节做大做强。此外，她还为禾雀花节注入了诸多文化元素，如“以花为媒、以花会友”为主题，打造“行为艺术节、稻草人节、山水音乐节”等文化活动。

正是凭借着“禾雀花节+”文化的营运模式，牛鱼嘴每年收获了大批游客。禾雀花节也从一个景区活动摇身一变成为令八方游客津津乐道的清远旅游名片，禾雀花也因此成为清远市市花。

王琼一手打造的“禾雀花经济”令业界惊羡，可随之而来的是一个无法回避的问题——禾雀花花期短暂，一个半月时间就会完全凋谢。这

也就意味着，如果只打出“禾雀花节”这一个品牌，那么每年只有在三到五月的禾雀花观赏节期间，牛鱼嘴才不用为客流量担忧。剩下的十个多月该如何应对？

为此，王琼一方面跟华南植物园合作，通过科学技术手段人工栽培禾雀花，增加品种，延长花期；另一方面，她则带领牛鱼嘴景区不断推陈出新，围绕创新驱动发展，推行“差异化建设”。在不断的探索和创新中，广东首座悬空式玻璃吊桥项目应运而生，并于2017年4月28日正式投入试运行。

“爆了！”王琼现在说起来仍兴奋不已，坦言收效远远超过期待。“当时我预计会有很多人来，但是没有想到有这么多人来。就像淘宝上所说的爆品，这个玻璃吊桥就成了清远旅游的一个爆品、一个网红打卡项目。”

从3月17日投放宣传至试运营开始期间，短短一个多月时间，项目的腾讯视频点播量达到800多万次，其热度在珠三角地区乃至整个广东，甚至周边省、市地区引起了广大市民的热议和轰动，前来景区游览观光的游客与以往相比有大幅度的增长。“排队上桥差不多要三四个小时，真的是人流暴增，收入暴涨。”

玻璃吊桥一炮打响，自那以后，牛鱼嘴景区一路飙红。2018年初，景区趁热打铁，围绕“玻璃新时代、生态正能量”的理念，先后开发建设了玻璃滑道、双龙玻璃空中漂流等玻璃系列产品，引领着广东地区“玻璃旅游产品”的应用和推广。值得一提的是，“双龙玻璃空中漂流”项目是目前世界上最长的悬空玻璃漂流滑道，其“一年四季可漂，男女老幼可漂”的全新漂流体验，为素有“漂流之乡”美誉的清远注入了崭新的生命力。

通过走“文化+创意+旅游”的模式，牛鱼嘴为当地的特色旅游增添了一大亮点，带动了周边景区（点）、农家乐、乡村旅游等特色旅游产品的发展，促进并引领着清远市旅游业的升级。“目前全年大约有120万人流，是广东家喻户晓的旅游必去地之一。”在王琼的掌舵下，牛鱼嘴连续斩获“广东省青少年科普教育基地”“广东省生态旅游示范基地”“广东省社会科学院旅游研究基地”“中科院华南植物园禾雀花植物资源栽培研究与示范基地”“最受网友喜爱的广东生态景区”以及“中国十大生态旅游景区”等众多荣誉，真正成为了广东省旅游闲情山水的主要代表景区。

得失因果

2014年，对王琼来说是一个极为重要的年份。

这一年，上天送了她三份礼物。一个无心插柳之举为她不久后将面临停滞的纺织事业提供了最佳转折点。与此同时，她响应徽商“凤还巢”的号召，在自己的家乡六安进行了医疗板块的投资，并正式肩负起广东省清远市安徽商会会长重担。

“王姐，你回来投资吧！”2014年，六安市招商局赴广东进行“六安市金安区第一人民医院”招商，却无疾而终，临走之际，他们想到了不久前在六安兴建学校的王琼。

“几年前，当时年近90的父亲跟我们几个孩子提出希望能重建自己当年上学的学校的想法，我们自然是满足老爷子的心愿，回六安联系了当地政府，将已破落的校园翻新重建，并以我父亲的名字将其命名为‘王一林民族学校’。”也是因为这一次打交道，王琼跟六安市金安区政府保持了较好的关系。

在交流中，王琼了解到，原先六安的三十铺医院体量太小，无法承载过多的病源，政府希望通过招商引资的方式将医院扩大规模，重新做起来。

那时候纺织生意依然很好，王琼并不想过多分散精力。最终令她拍板的是父亲的一句话：“学校和医院都是民生工程，真正为家乡人民做贡献，这个事可以做。”

目前，医院一期项目接近完工。记者前往六安采访之际，在王琼的安排下，参观了医院一期，门急诊医技住院综合楼和行政后勤综合楼两栋大楼已然拔地而起，目前正在紧锣密鼓地进行内部装修。据相关负责人介绍，项目共有四期工程，预计三年内结束，一期约有500个床位，三期完成共有1600个床位。

王琼将更多的精力放在了提升医院医疗水平层面上，“当地的医疗条件有限，很多医疗手段都无法实现。我们选择和上海的医院展开合作，以此来弥补当地医疗水准的不足”。

王琼的担当不仅体现在她对家人、对家乡的拳拳深情中，还体现在她以会长身份掌舵起清远市安徽商会这艘大船。

被选为会长之际，王琼的心里在打鼓，管理企业和管理商会完完全全是两码事，但内心深处的责任感让她扛起了这份沉甸甸的责任。2014年5月9日，清远市安徽商会正式成立，在清远扎根、创业、发展的徽商企业家、从业人员都有了一个温暖的港湾。

在王琼的带领下，这些年来，商会不断加强行业企业间的沟通，搭建合作平台，为企业提供商机。"我们经常会组织企业积极参与慈善活动，为企业与政府牵线搭桥，做好安徽和清远两地文化、经济、招商引资和交流，为经济社会发展贡献力量。"

王琼坦言，在清远的徽商企业并不多，这其中，有诸如广东清远精诚铜业有限公司、清远先导稀有材料有限公司这样的大型集团公司，也有来自各行各业的中小企业。如何将水平参差不齐的企业团结在一起，是她一直在思考的问题。

她反复告诫会员企业家：第一，当面可以商讨任何事情，背后一定要相互补台，而不是相互拆台。第二，有问题先反思自己的问题。第三，想想都为商会做了什么，而不是从商会得到了什么。"现在，清远很多商会都拿我们做榜样，觉得我们凝聚力强，特别团结。"

作为一名女性企业家，想在以男性为主的队伍里站稳脚跟、统筹大局，并不是一件容易的事情，但王琼用卓越的领导能力、独特的个人魅力以及对商会的奉献付出赢得了商会百位会员的尊重和敬佩。"会长要多付出，要尊重每一个会员，要了解他们的需要，要做好充分的沟通。"

秉承着"敢于付出、勇于奉献"的精神，多年来，王琼担任着地方人大、政协以及多个协会、商会重要领导等多项社会职务。在担任地方人大代表和政协委员期间，她积极参政议政，密切关注社情民意和非公企业的发展，提出了很多可行的民意调查和政协提案，为群众办了很多实事、好事。同时她热心公益事业，多次向灾区、贫困山区、希望小学、老弱病残障等群体捐资捐物，并荣获广东省“三八红旗手”“广东省优秀女企业家”“中国优秀企业家”等多个称号。

精“诚”所至

2016年关停冠龙工厂时，企业流动资金出现了问题，王琼承受着巨大的心理和经济压力。面对企业400多名员工的赔偿金，她毅然将深圳、中山两套房子售出。“我当时收购这家企业时，是全部工人参保，关停时，也要全部按照劳动法进行补偿安置。”

令人欣慰的是，工厂的中层领导们，没有一个人提出要先行离开，没有一个人跟她提出困难，所有人为最后一战齐心聚力。“我记得一次很晚下班，工厂几个中层在大院里等我，跟我说，‘在我们厂最困难的时候，我们知道你把房子卖了给工人做补偿，以后很难遇到像你这样的老板’”，这令王琼感动不已。

“我就希望，我说过的话，我承诺过的事，我都必须做到。”

王琼惜才，同时完全不忌惮培养人才后，他们会带着公司资源和人脉离开。和很多老板跟经理人约法三章“离职后三年内不能碰原公司客户”相比，她可谓极为宽容：“我给你那么多限制，你还是会想方设法做，互相都累，何必呢？”

她把这归结为自己心态比较好，其实往深了想，很大一方面是源于她对于人这个独立个体的尊重，“可能我把你培养成中高层后，你就拥有了自己的一片天地，往往到了这种程度，我也就满足不了你的需求了”，

她知道宽容比压制更有力量，她也发自内心地希望每个人都能将自己的才能发挥到极致。

而另一方面，也是对自己的充分自信。“如果客户想跟你做那就跟你做，就看谁更有优势吧。整个市场蛋糕大得很，想做多大就做多大，并不是你做了这一块，我就减少了、没有了。”

业界称琼威纺织公司是“黄埔军校”不无道理，从这里走出去的每一个人都会得到质的提升。王琼告诉记者，曾经一个关系很好的客户因企业改制从武汉辞职南下，执意要来琼威打工，“通过我们的培养挖掘，他在很短的时间里便取得了极好的业绩”，后来王琼进行企业转型，将湖北公司的资产全权交给他管理，而这个曾经的业务经理也不负众望，将企业不断做大做强，最终在竞争激烈的纺织行业声名鹊起。

这些年，从琼威这所“黄埔军校”走出了十几个老板，其中有亿万富翁，也有千万身家之人。令王琼欣慰的是，每年过年，那些以往走出去的手下都会来给她拜年。当中有人告诉她说："老板，您应该感到高兴。第一，我们出去了，没有一个给您丢脸，每个人都做得很好。第二，我们出去了再怎么努力，还是无法超越您，您永远还在我们前面。"

做生意，诚信；做人，诚笃。这让王琼在生意之中收获了诸多深厚的情谊。而谈及这些年所获，王琼也表示，人与人之间的真情最为令她动容。前不久她到上海谈医疗合作，途经无锡，便做了短暂停留，以前的纺织老同事一家人摆了一大桌菜等着他们，一起吃饭叙旧，曾经共同打拼的开心，相互间真心的付出在那一刻涌上心头，"这个收获比什么都让我开心"。

王琼评价自己的人生，是"幸得上天眷顾，一路过来颇为顺遂"。可仔细想想，她放弃稳定的工作，孤身一人从安徽远赴深圳；她以一己之力白手起家，将企业做到行业领先位置；她从实业转型至文旅医疗大健康，从挫折中重整旗鼓，在未知里创造机遇；她始终不忘践行社会责任，继承父辈公益之路，回到家乡捐资重建快要消失的学校，将世界上最先进的医疗技术、顶级医疗团队、高水平医学专家引进家乡六安……

桩桩件件，其中怎会没有坎坷波澜？只是一路走来，她习惯大笑应对，习惯洒脱，习惯将难过的地方柔和，将跌宕的地方抹平，用简单的方式化解，如此记忆中便只剩下开心和顺利。

王琼笑言："工作一旦忙起来，根本没有时间去想不开心的事。"相反，她是"越做越对自己有信心，越做越觉得开心"。

涉足医疗健康行业后，她参加了医疗总裁管理等多个研修班，不断地"充电"学习相关知识。"我对新兴事物都非常感兴趣，也从来不会因为自己年龄大就退缩、不参与。"对于她而言，人生还有很长的路要走，还有很多目标需要她去完成。

"我还会做很久"，对此，王琼十分笃定。

省级商会和团体会员的关系不是隶属关系，而是兄弟关系，是**纵向相互支撑，横向相互联动**的关系。

夏 阳

广东省安徽商会会长
广东银瑞投资管理集团董事长

夏 阳
一片丹心向“阳”开

文/戚 飞 摄影/姜朝洋

夏阳的前半生，像是在一条河里漂流。有固定的河床，有既定的流向。他勤劳果敢，生机勃勃，时遇旱涝，或泥沙拥堵，也从来是兵来将挡，可谓春风得意、自在非常。

最初掌一叶扁舟，扁舟变成了游艇，游艇变成了轮船，这条河也没法承载夏阳的理想了。

功成名就并非夏阳必求，能在时代浪潮的翻滚下，不做被裹挟的鱼虾，而是参与时代、拥抱时代，以创业者的身份乘风踏浪，才是他的抱负，“真正去做实事，做自己想做的事”。

在安徽工作了近30年，2004年，他孤身下海。凭借着拿得出的商业成绩，他在风云诡谲的广东商海迅速站稳脚跟，更因勤奋朴实和敢于担当的人格魅力被在粤徽商信任并推选为广东省安徽商会会长，为广东徽商的发展壮大挑担引路。

而今夏阳及花甲之年，于商海搏击十余载，他商业版图的触角已伸往大洋洲，为中外投资贸易发展和友好交流贡献着徽商力量。

“我是一名徽商，我始终谨记这一点。”

下海：热血难凉　心系桑梓

夏阳决意离开安徽南下广东时，已在巢湖市政府担当要职，沿着这条路走下去，他的仕途前景或许会一片光明。

他作出下海创业的决定，让身边同僚颇为震惊。在中国的企业家中，不乏大量响当当的人物从公职队伍中走出来，他们华丽转身，用另一种方式为祖国的社会经济建设贡献力量，但彼时的夏阳，在国企和公务员队伍中生活了逾20年，此时转身，会不会太晚？

从公务员到商人的身份转变，对夏阳来说，并不难以跨越。一方面，在国企和公务员队伍已经有了数十年管理工作的锻炼，“讲政治，懂规矩”，对于从商何尝不是一种优势；另一方面，他所任职的数个岗位都与生产经营、经济建设息息相关。2004年，倔犟执拗的他带着一腔热情和百折不回的决心，单枪匹马南下广东。

事实上，如若留在安徽创业，凭借着多年政界商界的人脉资源，他也可以预见到顺风顺水的将来。但一份创业者的志向让夏阳选择了远离自己熟悉的地方。夏阳坦言，选择广东，自己有所考量，“广东作为改革开放的前沿阵地，营商环境相对成熟，已具备的完善物流体系与通畅的贸易融资渠道，非常适合创业初期自身发展的需求”。

他一手创办广东银瑞投资管理集团，该企业在他的掌舵下，短短几年时间，不仅完成了从贸易投资向股权投资的转型，更成功帮助多家知

名徽商企业实现了登陆主板和海外证券市场的蓝图。夏阳表示，徽商精神在其中起到了催化的作用。“能吃苦、重文化、讲诚信，做企业时关注发展和创新，我想这都是徽商精神在我身上的传承。”

在创业征途上，完成自己人生角色转换的同时，夏阳也成功凝聚了一支经验丰富、素质过硬的核心团队。这支“精锐部队”具备三十多年政府、企业、银行、证券、信托及投资管理经验，曾成功主持和参与了企业改制、上市发行、配股、增发、并购重组等四十多个项目。

团队的倾力配合，对市场的预见和把控能力，让他在高新技术、矿产能源、化学化工、商贸流通、园林绿化、食品加工等板块均有斩获。夏阳透露，其投资的第一家企业，正是出于对消费电子行业的看好，和对企业自身规范的肯定，“我们投资时，年利润仅有两千多万，现在每年为广东省贡献亿元税收”。在夏阳团队的支持下，这家企业已成为东莞首家创业板上市公司、中国首家台资上市企业。实践出真知，半路出家的夏阳也变成了股权投资的专家。

“近10年来，我公司所投资的徽商企业超过10家，在安徽投资的项目资金近5个亿。”业绩斐然，夏阳首先想到的仍是以创业初心报效桑梓。“广东和安徽处在不同的发展阶段上，其中有很多的互补点，这也是我们选择投资项目的机遇点。我们要把广东的一些先进理念、技术和经营模式带到安徽去，同时也要把资金带到安徽去。”以徽商特有的诚信与创新精神去发现价值、提升价值和实现价值，是他最为自豪的事情。

出海：中国名片　家国情怀

新西兰，这个被公认的世界上最后一片净土，不仅有上帝后花园般的景致，还有让夏阳万分动容的风土人情，而正是在新西兰旅游时的一则见闻让他萌生了投资兴业的念头。

“在奥克兰一家高尔夫球场外，我看着一对七八十岁的老头老太，开着普通的车，两人下车后打开后备箱，拿出高尔夫球包，走进高尔夫球场打球。球场里，60%以上都是70岁以上的老人。这在新西兰，是最平民的生活。我当时就想，我们老的时候，能有这样的场景该多好。”

凭借着对新西兰和中国资源以及市场优势互补的深刻洞察，他认定，中国作为人口众多、人均资源匮乏的发展中大国，正需要新西兰资源的补给。“那里的蓝天白云我们带不回来，纯净的极地水带不回来，清新的空气带不回来，但通过我们的努力，我们可以将新西兰的奶粉、蜂蜜、葡萄酒等带回到中国，献给我们的国人。”

他收购新西兰上市公司AFC，AFC集团也因此成为首家华资控股的新西兰上市公司。就此他开始了在新西兰的“四美事业”，即美食、美酒、美容、美景（旅游文化）。结合两地资本市场资源整合的优势，经过两年多的发展，公司已在食品加工、葡萄酒业、贸易物流、生物科技、跨境电商、文化旅游等多个板块奠定了发展的基础，同时也在促进中新两国经贸往来和民间交流上发挥了应有的作用。

“在食品行业，我们从奶粉和蜂蜜的代工和贸易起步，开始了横跨中国和新西兰两国市场的首个专注于都市人互联网早餐系列产品的开发及‘MORNING’品牌的运营。”

“在葡萄酒行业，我们本着品质优先、价值发现、价值提升和差异化经营的原则，打造着全球顶级甜白葡萄酒品牌的系列工程。与此同时，我们的远景园酒庄也正在与新西兰各大名庄园合作，向中国市场推出多款新西兰最好的精品葡萄酒”。

“在国际贸易领域，我们将通过整合两国资源、市场、资金和人才，以及增加代理产品的数量，使AFC国际贸易集团公司成为澳、新、中三国贸易的桥梁。

“在生物科技开发领域，我们成立的AFC生物科技制造有限公司拥有了新西兰产能最高，自动化、智能化程度最高的GMP标准面膜生产线。所研发生产的DDMASK面膜是拥有全球唯一的‘极地水’纯净主义护肤品牌，也是唯一通过中国药检注册备案的可经一般贸易进口的新西兰原装面膜，深受中新两地广大消费者的青睐。”

如今再去新西兰，夏阳已经很难徜徉于美景之中了，大部分时间，他都需要马不停蹄地处理公务。不仅要操持企业内部事务，也要积极促进中新经济交流。据他介绍，AFC集团被授权承担了中国贸易促进会广州市委员会、广东省物流行业协会、广东省跨境电子商务行业协会驻新西兰办事处的职责。这也为AFC集团带来超过5万家会员企业的信息和资

源，在过去的两年里，AFC集团已多次接待来自全国各地的政商两界的代表团，已成为中新两国之间贸易合作的重要桥梁和窗口。尤为值得一提的是，其以民营企业身份独家承办的“中新贸易投资高峰论坛暨合作对接会”，成为了中新建交以来规模最大的民间经贸活动，为加强中新经济文化交流注入了强劲动能。

2018年，是新西兰与中国签订自贸协定的第十年。十年来，中新两国贸易额不断提高，在两国经贸合作的进程中，中资企业对两国经贸发展作出了突出的贡献。作为一个跨国投资企业的掌门人，夏阳时刻以“不忘中国和民族利益高于一切的深厚情怀，树立社会责任心和心怀国际担当的使命感”来要求自己。

“习近平总书记面向全世界倡导的构建人类命运共同体的理念，已成为我们海外发展企业的战略使命。”夏阳深刻认识到，海外的中资企业就是一张中国名片，“我们希望把与新西兰合作促进两国经贸发展的实际成果，作为落实习近平总书记提出的‘一带一路’与‘建立命运共同体’的最务实的体现。海外中资企业不仅要着眼于企业自身的发展，还要为当地社会经济作出贡献，以中国企业‘达则兼济天下’的责任和担当，树立中国企业的形象，使新西兰社会和全世界了解到与中国合作不仅没有任何威胁，反而会带来无限的共同利益，这正是建立命运共同体最真实的体现”。

回乡：以“初心”展“雄心”

安徽，是夏阳事业的起点。庐江矾矿13年，巢湖工作13年真枪实弹的磨炼，让夏阳成为了20世纪八九十年代安徽经济界的“弄潮儿”。

夏阳就职于巢湖驻外办事处时，拿着政府拨发的2万块钱，硬是带着团队做得风生水起。不仅自付开销及员工工资，还在兰州、西安设立办事处，购置办事处房产，与甘肃张掖、青海海东等地建立友好地区关系。后调任至巢湖地区，在巢湖市政府多个经济主管部门任主管期间，面临着职工减员下岗、企业亏损、倒闭潮等惨淡状况。夏阳一手抓改革，一手抓开放，改革出成果，开放有佳绩，深受领导的认可和群众的爱戴，打赢了一场又一场硬仗。

“这一切塑造了今天的我。”回顾过往历程，夏阳感慨不已，“我们这代人，是一代人吃了两代苦”。出生在20世纪50年代末期的夏阳高中毕业后便以知青身份去了农村，后来恢复高考，因家境贫寒，他只能一边复习一边去农村挣工分……也正是生活的磨难，成就了夏阳的品格。后来几十年职业生涯里，他所在的每一个工作岗位，所面对的每一个棘手的难题，他都要求自己尽全力、做到最好。“我一旦认定一件事，就非常执着和坚韧。”

尽管身处异乡十余年，但他始终不忘乡梓深情，始终怀揣着炽热的徽商心。2017年，为了响应安徽省政府“徽商凤还巢”的号召，夏阳选择回到安徽巢湖，斥资近20亿元在安徽合肥市巢湖经济开发区投资建造集“研贸储展验”一体化、“上下游及延展产业”一体化的“中国安徽(巢湖)进口食品产业园”。

对于夏阳而言，这是情怀，也是商机，是搭建平台，更是站上风口。“未来十年中国的食品消费高速增长，食物供应链的全球化促进跨境食品行业发展，这为中外合作奠定了良好基础。”多年行业从业经历让他对商机充满敏锐的嗅觉，“随着国际经济形势的变化，我国扩大进口、促进对外贸易平衡的紧迫性日益加剧。高新技术和装备、能源和资源、健康安全的食品，是中国最需要进口的三大类”。考量过后，他将目标精准地定在了健康安全食品上，这正是“大型企业不愿意投入资金精力，小型企业过不了门槛”的重大机遇，同时，跨国运作对于社会资源和经营履历的高门槛要求正中夏阳下怀。

不同于传统产业园项目，中国安徽（巢湖）进口食品产业园将打造“买全球卖全国、进口食品B2B2C、异国风情文旅体验、展研加贸综合服务一体化、跨境商务智能化通关配送、促进内需的进口食品直供”六位一体的创新型专业化进口平台。规划中，最终将建成包括进口食品展销中心15万平方米、综合配套服务中心7万平方米、仓储加工研发中心6万平方米在内的园区，实现每年度进口食品额5亿—10亿美元，国内食品贸易额50亿元人民币的目标。目前，该项目一期工程4万平方米的土建工程已完成。

国务院办公厅转发商务部等部门《关于扩大进口 促进对外贸易平

衡发展的意见》，要求积极扩大进口，大力培育进口促进平台，不断推进监管创新、服务创新，培育形成一批进口贸易特色明显、贸易便利化措施完善、示范带动作用突出的国家进口贸易促进创新示范区。

政策的出台，既验证了夏阳的全球化视野和对形势的高瞻远瞩，也进一步把他投资的中国安徽（巢湖）进口食品产业园推向了行业前列。“该项目已按皖政【2018】36号文件被列入安徽省重点项目，成为安徽首个进口食品产业和贸易示范园。”

2018年5月，在AFC集团主办的2018中新电商峰会暨投资贸易论坛上，夏阳向来自新西兰、澳大利亚和中国等三国的100多位商人、企业家、投资机构人士和业内专家推介了他在家乡安徽投资的产业项目，让现场嘉宾振奋不已。9月6日，广东银瑞集团在粤皖政府的大力支持下，在广州承办了中国安徽（巢湖）产业园招商推介会，20多个国家的80多位政要和企业家参加了会议并积极响应。

在随之而来令万众瞩目的首届中国国际进口博览会上，中国安徽（巢湖）进口食品产业园和新西兰AFC集团齐头并进，与来自130多个国家和地区的2800余家企业同台竞技，凭借着创新的平台模式和优质的产品资源，产业园受到了世界各国采购商、海外交易团以及媒体的高度关注。开幕首日的11月5日，夏阳一行受到格鲁吉亚总理马穆卡·巴赫塔泽接见，洽谈后双方签署合作协议，这也是继澳大利亚和新西兰两国之后，第三个以整体国家“军团”的形式入驻中国安徽（巢湖）进口食品产业园的国家。除了澳新两国和亚洲近邻，来自欧洲、美洲、非洲的近百家企业均表达了签订合作协议的意向。据悉，新增入驻产业园的意向外国食品企业达58家，企业总数达152家，此番招商可谓收获颇丰。

夏阳始终心存一个期待，20世纪90年代他在义乌看到的小商品批发市场，如今已成为全球最大的小商品集散中心。他在巢湖投产的中国安

徽（巢湖）进口食品产业园，在可以预见的将来，也会有同样的发展，“要成为世人皆晓的食品交易园区，成为外国食品企业和产品进入中国市场的‘不落幕的展交会’”。

夏阳清醒地坦言：“这是我下海以来投资最大、意义最大、难度最大、风险最大的‘四大’项目，谁让我认上了呢？响应国家战略，地方政府支持，必须迎难而上，坚信一定胜利。”

商会：领军徽商　负重致远

2018年，是中国进入新时代的一年，也是广东省安徽商会继往开来的一年。作为广东省安徽商会轮值会长，夏阳肩负重担。

尽管他调侃自己只是“打扫卫生、搬桌子干活的值日生”，但对于商会工作，他所倾注的时间和精力绝不比投在自己企业中的少。“大家选我做这个轮值会长，我的所为必须对得起大家的信任。不做便罢，做一天就要撞一天钟响。”

2019年6月商会面临着新一轮换届，如何承前启后，如何继往开来，是夏阳着力思考的问题。“历史和时代要求我们站在更高层次上，以更新的视野、更高的格局、更实的作风、更大的力度，开创广东省安徽商会工作的新局面。”

在夏阳的规划建设下，广东省安徽商会正朝着打造内涵型、责任型、创新型、服务型商会锐意进取，“力争把商会建设成为一支重要的经济推动力量，一个标杆的商帮示范窗口，一个政府和企业沟通的桥梁和纽带，一个会员之间交流互助、合作双赢的平台”。

遵循着“服务立会、依法办会、发展强会、和谐兴会”的宗旨，商会工作主要围绕四个方面展开："一是夯实拓展六大平台，创新模式提升品质。二是组织建设再上台阶，党建创建齐头并进。三是开展活动凝心聚力，学习交流合作发展。四是依法治会目标管理，擦亮广东徽商品牌。"

夏阳指出，六大平台均要将服务落到实处、落到细处。信息服务平台要抓好信息宣传，加强沟通联络，扩大商会品牌影响力，疏通三大信息沟通渠道，加强商会与会员、商会与政府、商会与商会之间的链接，建立有效信息沟通，提高会员服务的针对性和有效性；金融服务平台要依托资源优势，建立共享金融，为会员提供全方位金融服务，通过广东徽商发展基金和上市公司联盟平台，让更多的会员企业直接或间接受益；法律服务平台要创新服务模式，丰富服务内容，推动依法治企，通过成立法律顾问委员会，加强法律服务体系建设，帮助会员企业维权增效；劳智服务平台要建设智囊团，推动人才输送引荐和培养储备，成立"科技创新委员会"，提高企业自主创新能力；健康服务平台要加强医企合作，搭建会员健康管理平台；商旅服务平台要完善商旅定制，提供一站式服务。

与此同时，通过组织徽商进行基金项目路演、开展上市公司董事长交流活动、打造"徽商学院"学习平台、举办各类专题讲座、组织高尔夫球赛以及举行第二届粤港澳大湾区徽商峰会等，进一步增强会员凝聚力和商会影响力。

在任期间，夏阳多次组织企业及商会开展联动活动，如广东省安徽商会与国元证券股份有限公司的战略合作，加强了商会金融块面的专业化服务水平，同时助力在粤徽商提升影响力，助力商会企业做大做强。在他看来，企业发展极为重要的一点，就是占有先机。"有一个说法叫不在乎你是谁，关键看你和谁在一起。广东徽商企业家们就占了一个先机，在珠三角这块改革开放的前沿地区，相较而言有非常多的发展优势，所以商会的企业也发展得比较快一点，意识能力也比较强一点。下一步希望通过商会搭桥合作，给会员企业带来新的生机和活力，抓住粤港澳大湾区的发展机遇，实现合作共赢。”

2018年7月6日，在夏阳的倡导下，中共广东省安徽商会委员会筹备工作正式启动，这堪称是商会在2018年工作中的一大要务。“随着党的十九大的召开和新时代的到来，国内国外的经济形势都在发生变化，各行各业都面临着一个新的选择。在这种环境下，政治思想的保障和政治组织的保障，以及党组织在商会中的战斗堡垒作用，显得尤为重要。”而商会党委的建设，既充分发挥了基层党组织服务社会和维护稳定的先锋模范作用，同时也进一步加强了广东省安徽商会的组织建设，团结凝聚在粤徽商贯彻学习党的十九大精神和习近平新时代中国特色社会主义思想。谈及商会党委创建创新问题，他表示，商会党委的创建需要实施一些创新的举措，包括政治文件和政治学习要落实到商会的具体活动中，党的有关文件信息要在商会的宣传平台上得到体现，在组织关系转接和组织活动开展上也要注重创新，要充分发挥党组织的政治保障和政治指导作用。同时，商会对党组织的各项工作也将全力支持、坚决拥护。党的宗旨是全心全意为人民服务，商会的宗旨是全心全意为会员服务，目标一致，异曲同工。

如今的广东省安徽商会，直接间接拥有遍布全省各个行业的3000家会员企业，正威国际、比亚迪等世界500强企业名列其中，它已然成为中国商帮的领军力量之一。其创建的团体会员制度，不仅扛起了广东徽商的大旗，也让安徽商人在广东的各个商会有了凝聚和开放的平台。“省级商会和团体会员的关系不是隶属关系，而是兄弟关系，是纵向相互支撑，横向相互联动的关系。前者要务是‘高度和格局’，后者要务是‘落地和活力’，只有相互支撑才能遮风挡雨，只有加强联动才能将3000家会员企业的平台巩固好、发展好。”

时代潮流涌动，结合时代发展趋势，健全商会章程、制度，落实和发挥制度的规范运行和保障作用，通过创建5A级商会和风云徽商榜单评选，提升商会的社会知名度，也成了打响广东省安徽商会品牌的重要一环。

夏阳认为，开展好商会工作并不容易，没点小情怀、没点小能力、没点小奉献，是绝对做不好的。为商会殚精竭虑的同时，2013年底，他还投资成立了广东省牧邻慈善基金会，近年来，通过基金会在助学、赈灾、鼓励大学生创新创业等领域捐赠了数百万元。对此，夏阳笑言“能力不足，任重道远”。

2017广东年度风云徽商榜，夏阳荣获“社会责任贡献奖”，同时荣获2017年度胡润百富中国“最受尊敬企业家”之“产业领袖”奖，2018年被选为广东省社会组织总会执行会长并荣获广东省十佳社会组织会长。这些是对他勇于担当、乐于奉献的莫大肯定。而对于这些外界荣誉，他并不在意，他眼里的自己，“算得上是个有责任心的人，仅此而已”。

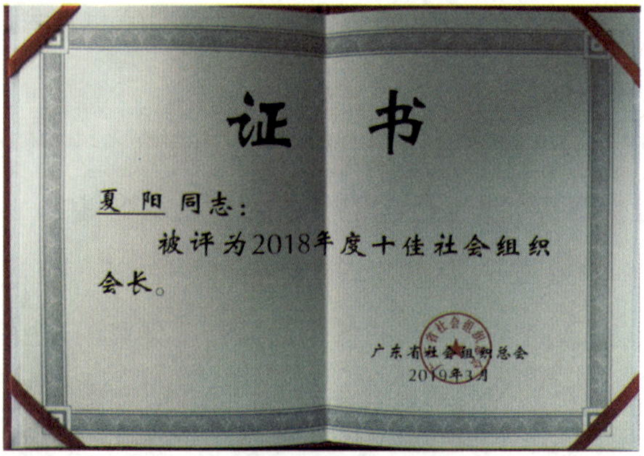

有思想、有文化、有担当、有梦想的新徽商，成为沟通安徽和内蒙古两地之间感情和经济文化的桥梁。

姚文兵

内蒙古安徽商会会长
联合创展（中国）地产运营机构董事长

姚文兵
草原驰风

文/戚　飞　摄影/姜朝洋

时间回到2000年，彼时的姚文兵还只是北京一间酒吧的调酒师。南下北上的创业经历已经带给他太多打击，然而却始终无法磨灭他心中那团早已经烧起的熊熊烈火。他如同一头觅食的雄狮，在等待人生中最重要的转折和时机……

从一个默默无闻的打拼者，到成为徽商精英，最终全票当选内蒙古安徽商会会长，他用了14年。

使命：安徽和内蒙古两地间奔忙的“徽骆驼”

2017年10月18日，党的十九大在北京隆重开幕。习近平总书记代表十八届中央委员会向大会作报告。过去的五年，是砥砺奋进的五年，而内蒙古安徽商会正是在这五年当中，实现了从发展到摸索路径，从创新到跨步前行的跃升。

这一切，正是以姚文兵为代表的内蒙古徽商共同的使命和愿景。

2017年1月12日，在合肥大剧院被鲜花和掌声装点的舞台上，姚文兵接过沉甸甸的奖杯和奖牌，这一次，他代表内蒙古安徽商会荣耀加冕第四届徽商奥斯卡“十大商会会长”。

深耕内蒙古多年，姚文兵对于乡情、对于徽商、对于商会，更多的是拳拳抱负和一往情深。

作为异地商会，内蒙古安徽商会多年来不断发展，如加强商会自身建设，优化管理和服务手段，用管理聚企业、用服务聚人心。在姚文兵和商会秘书处的不断努力下，商会与会员企业积极开展互动。会员企业经营门类齐全，涉及房地产、建筑工程、装饰装修、建筑材料、餐饮管理、电子产品、旅游服务、劳务输送、烟酒糖茶、环保工程、医疗、五金机电、粮油等几十个领域。

一方面，商会积极联络有投资意向的徽商企业到内蒙古考察、了解；另一方面，面对宏观经济增速放缓的形势，引导会员企业改制、转产、联合、重组，促进会员企业人才、资金、资源整合，使商会从单一的乡情组带向经济纽带转变。

在服务方面，商会通过走访会员企业沟通了解他们的发展需要，开展了一系列的互动服务。如开展融资服务，商会组织会员参与银企对接活动，为企业解决融资问题搭建平台，有效解决会员企业融资难的问题。每年开展商会会员培训和考察活动：对外考察兄弟商会；对内组织学习商会优秀企业，如学习多种运营、管理新模式等，为此组织了走访会员企业等活动。

对于姚文兵来说，商会组织应成为社会责任的担当者和执行者，因此在他亲力亲为的带领下，内蒙古安徽商会积极通过公益事业来提升商会形象。

内蒙古安徽商会自2013年创办爱心助学基金以来，已捐助在内蒙古的皖籍大学生40余人，累计捐款12.6万元。

此外，内蒙古安徽商会部分领导先后参加全国徽商会长会议、全国徽商秘书长会议、中国国际徽商大会、全球徽商年会等大会五次，通过会议多方位地与全国各地商会交流办会经验，沟通合作项目，互通有无。

在不同场合、不同舞台展现内蒙古徽商形象，提升内蒙古安徽商会影响力，是姚文兵始终重视并为之努力的事业。

在他看来，古徽商通过茶马古道经商天下。如今在广袤的内蒙古大地上，通过他和商会的共同努力，聚集起一批有思想、有文化、有担当、有梦想的新徽商，成为沟通安徽和内蒙古两地之间感情和经济文化的桥梁，这是令他无比自豪的事情。

他内心尤为愿意成为奔波于安徽和内蒙古两地之间的“徽骆驼”。

守望：永不磨灭的理想之光

2017年9月，秋高气爽的北京天空中透着一股湛蓝。在位于北五环的办公室里，不远处的标志性建筑望京SOHO触手可及，那里有着来自世界500强中的顶级商务精英。从15岁开始，姚文兵就梦想着要成为他们中的一员，但穷困却是他童年的关键词。

姚文兵出生于安徽芜湖，和很多出生于20世纪70年代末中国家庭的孩子不同的是，姚文兵祖辈曾家族显赫，闻名一方。随着时代的变迁，家里经济受到严重的影响，到他这一代家中兄弟姐妹五个，尽管父母拼命劳作，但维持基本生活仍十分困难。

姚文兵的童年就是在贫穷中度过的。他小时候经常没有鞋子穿，冬天很冷，就在脚上套五六双袜子来御寒。这些袜子都是破到完全没有办法修补，又舍不得扔，就将它们都穿到脚上来凑数。吃不饱饭更是很经常的事，有打补丁的衣服穿已经很不错了……

这样的光景，给一个热血少年刻下的最牢固的印记就是——去外面闯，改变现状！

一旦有了理想，便有了追寻理想的脚步，于是15岁还在上初一的姚文兵辍学了，带着自己的誓言南下广东打拼。小小年纪的姚文兵到一家台资厂里打工，尽管每天在繁琐的生产线上连续工作十几个小时，可是月工资也就一二百块，这与当初自己外出打工要“发家致富”的初衷并不相符。为此他换过多个工作，如当过机械工，到过汽修厂当修理工。

他掂得起誓言的分量，也难以承受脸上的黯淡无光。为了攒钱，他整整四年没有回家过年。

1996年，老家征兵，父亲让他回乡应征，没有挣着钱的姚文兵回到了安徽老家，听从家人的建议准备参军。当时部队的领导非常看重他的综合素质，姚文兵也顺着家人的愿望报了名。可是，最后却未能成行。

他向父亲提出了要去北京闯荡的想法，因为当时在他的眼中，北京是政治经济文化中心，自己一定可以在那里找到机会，闯出一片天地。父亲为了支持儿子，便将当时家里所有的水稻卖了，并把卖水稻所得的700元钱全都交给了儿子。“那可是满满一屋子水稻啊！”如今忆起往事的姚文兵如是说，而他对于父亲的感激之情也溢于言表。

初到北京，在堂哥的介绍下他来到一家小汽修厂当修理工，由于之前在广州对汽修有些基础技能，所以这份工作他干得很是得心应手，短短时间内就干出了五六年的业绩，并且到了一汽大众集团做汽修工人，工资涨到每月四五千，深得老板赏识。

也许在很多人眼中，生活就可以这样平静地过下去了，然而在一次工作中，由于倒车失误撞坏了顾客刚修好的汽车反光镜，当那位顾客用傲慢的态度以及毫不客气的言语指责他的时候，姚文兵的自尊心受到了深深的伤害。这也促使他内心的初衷又一次蹦了出来，如果一辈子就这样打工显然不能达成自己当初的理想，当即他就在内心暗下决心，一定要干出个样来。

在姚文兵打拼的经历中，他常会提到“精英”一词，在他的观念里只有接触到精英阶层的人士，才能够从他们身上汲取到成功的经验，从而改变自己的命运。

他选择了酒吧，从服务生到调酒师，这些在旁人看来距离“精英”尚有遥远征途的平凡岗位，却成了他此后事业的真正跳板。

“北京是座现代化都市，商务精英习惯在工作之余去酒吧放松”，他正是看中了这一点。

“是一位房地产行业的大哥给了我机会，将我带入这个行业。”那时的他无法掩饰向上跨越一步的想法，每天都趁机向那位大哥请教学习，最终才收获了对方的认可。

但等待他的，竟是又一次打击！

彼时的房地产销售行业，是人人觊觎的好差事。“要有本地户口，要有大学文凭，要有社会关系，而这些恰恰是我身上都没有的”，姚文兵说，他唯一拥有的，就是珍惜这次机会。

那就从打杂做起，在最初的三个月里，他压根没有资格去卖房子。在端茶倒水、扫地拖地这些琐碎杂活儿中，不甘心的他等待着蜕变的机会。

“机会总是要靠自己争取的。”

一次偶然的机会，他遇到了一位被所有的销售前辈们都放弃了的顾客，并在精心维护与真诚服务中与其成功签下了300万元的订单，这不仅是他在房地产行业的第一笔订单，也由此让他在房地产行业站稳了脚跟。之后的一切顺风顺水，他凭着自己的勤勉，从销售员做到了销售总监。在北京买了房，也娶了妻，或许在所有人眼中这一切已经很完美了，然而姚文兵并不这样认为，因为他最开始的理想还没有实现。

筑巢：当誓言变成诺言

“机会，永远是给有准备之人的。”

对于姚文兵的创业历程来说，这是最好的诠释。

当他初入房地产销售行业，还在为争取成为真正的销售经理做着杂活的时候，就早已经将公司发给他的《产品销售指南》背得滚瓜烂熟，正是凭借这一点，他才能够在遇到第一个客户的时候用专业素养打动对方。

发家致富的誓言仍铭记心头，2002年，他辞去年薪百万的工作，成了一名创业者，成立了联合创展房地产经纪有限公司。

2004年，北京楼市正处在发展的腾飞阶段，姚文兵的机会来了，这一次他要选择舍弃家庭远赴内蒙古。

对于已经在业内做得风生水起的人，面对这样的取舍，要做决定并非易事。但是姚文兵在面对十分信任的客户抛来的橄榄枝时，就对呼和浩特市的房地产销售市场进行了充分的调研。

他决定抓住这次机遇，因此他向客户许下了诺言：“把内蒙古的项目和市场交给我！”

诚信在他眼中，有着至高无上的地位，“在商业当中，没有诚信，什么都不可能长久”，于是他将当初的誓言变成了对客户的诺言，而践行的第一步就是组建一支愿意舍弃北京的一切到内蒙古开疆拓土的团队。

功夫不负有心人，姚文兵在呼和浩特的第一个项目“东方文苑”一炮打响，他不仅将北京先进的房地产销售理念带到了呼和浩特，也成功将教育地产的高端社区营销模式在内蒙古进行了复制。不久之后，联合创展在内蒙古呼和浩特、鄂尔多斯、锡林浩特、包头、赤峰等地操控大型地产项目30余个，员工人数达到1000余人，短短几年内，姚文兵打造出了一家集完善独特的策划模式、销售体系和科学的经营管理于一身的地产运营机构。在此期间，他成立了内蒙古创融实业有限责任公司，在呼和浩特开发了近100万平方米的地产项目。

在接下来的营销之路上，姚文兵带领联合创展成长为了行业的创新者和领军者。随着时间的变迁，他不断改变着房地产营销领域的创新模式。姚文兵是这样描述他的房地产营销创新之路的：

2004—2006年，被姚文兵定义为地产概念营销时代。金宇文苑（教育地产），打出“孟母三迁”的典故，成功将项目塑造成教育地产项目；名都枫景（生态地产），依托阿尔泰游乐园，将生态理念置入销售中；呼和浩特（文化地产），借助呼和浩特打造成吉思汗大街蒙元文化特色街，成功将项目塑造出文化地产形象。以上三个成功案例均是以创意概念取胜于市场的，其广告形象及售楼部推广的均是“高大上”的概念。

2006—2008年，开启郊区化生活模式，吹响西进号角。

由于市区土地开发成本过高，公司引导市场开启郊区化生活模式，吹响了西进的号角，在金川集中代理了十几个项目，在一年内拉升了金川板块的区域价值，与此同时公司也创下了单个项目利润过亿元的奇迹。

尤为引人注目的是，2008年以姚文兵为领导核心的联合创展，联袂战略同盟，整合运用优势资源，独创“筑巢”计划，成功搭建开发商、经纪公司与购房人的多赢平台，开创了全国独一无二的全新营销模式。

2009—2011年，大盘改复合型地产，概念+落地。城市维也纳（音乐主题社区），首次引入具有行业领先地位的园林公司贝尔高林，真正将打造音乐主题社区的概念落到实处。

2011—2013年，商业地产包租销售新概念。伴随着住宅地产开发的日渐成熟，2011年，商业地产企业共同迎来了电商冲击的危机。经营业绩下滑，无有效变现方法，开发企业自持资产过重，现金流严重紧张，正成为每个商业地产面临的问题。同时老百姓进入商业地产投资的门槛过高，没有有效的高回报投资渠道，彼此间成为一个矛盾点，需要有效嫁接。联合创展在这个历史时刻，首创了商业地产投资变现的新模式——售后返租。在此之后，联合创展陆续帮助14个商业地产公司渡过了商业地产带来的自持资产压力过重的危机，同时也帮助了更多的老百姓进入高回报的商业地产领域进行投资。

2014—2015年，全面启动品牌合作战略计划，完成品牌化合作，全国化布局。2014年，姚文兵带领的联合创展已经全面完成了规模化发展，开始了品牌合作战略，陆续和伊泰集团、金宇集团、金盛集团、顺鑫控股、维多利集团、茂业集团、振华集团等品牌公司达成了战略合作。启动了30多个项目的全案营销，业务范围逐步拓展至北京、天津、保定、秦皇岛、南京、成都等城市，帮助集团公司完成产品回现的同时，奠定了全国化发展的布局基础。

2015—2017年，“互联网+”时代大趋势，转型人人筑巢电商公司。2014年，姚文兵又将目标投向了互联网房地产销售业务，同年10月成立北京人人筑巢网络科技有限公司，成功搭建了中国房产O2O人人众销平台，这一平台的搭建预示着房地产行业形成了平台互联、经纪互联、产业互联，构建了涵盖新房、二手房、金融、社区的业务体系，形成了以搜索、电商、社交为核心的生态圈。依托联合创展10年的线下发展优势，在传统营销模式上加入电商平台，快速将线上与线下营销全面结合起来，真正实现O2O电商模式。

2018年，历时13年的积淀，姚文兵带领的联合创展、人人筑巢成立了“联合创展+营销生态城”，旗下拥有5家公司，2个房地产研究院和数个地产核心资源，倡导房地产营销生态圈的建设。此时联合创展已经服务了近60家品牌地产公司，服务项目120个，销售额突破了1000亿，公司员工最高达1000人，先后培养了地产销售精英近10000人。

人人筑巢秉承“共创、共享、共赢”的理念，打造房地产领域“众筹、众创、众销”的创客空间，现已成为国内房地产行业最受关注和最具影响力的房地产电商平台之一，并致力于为经纪人打造房地产大数据及移动互联的开放性平台，帮助他们建立起值得奋斗一生的美好事业。

姚文兵给人人筑巢的定位是“人人经纪，筑巢中国”。八个字包含深邃的共享理念，短短半年的时间，人人筑巢公司已进驻武汉、南京、银川等地，深得业内外人士的高度评价。

在中国的版图上，人人筑巢-联合创展公司所代理的楼盘遍及全国多省，内蒙古区域尤为突出，目前仅在呼和浩特市的代理项目就多达30余个，且均由专业营销团队亲自操盘。公司在住宅、公寓、别墅、商场、写字楼、酒店、旅游体等领域有丰富的操盘经验，实际操盘数量为200余个。公司以优异的销售业绩在业内赢得了良好口碑，并已成为房地产代理行业的成功典范。

先锋：勠力改革的会长之路

2014年6月29日，内蒙古安徽商会进行换届选举，人人筑巢董事长、来自安徽芜湖的姚文兵全票当选为内蒙古安徽商会第四任会长。

对于这份沉甸甸的责任和全新的身份，他其实并未想过，毕竟37岁的年纪，在全国安徽商会会长行列当中，显得尤为年轻。来自领导和商会会员单位的殷切期望，让他决定要像创业时那样，敢于亮剑！

一会之长乃是商会的领军人物，上任伊始姚文兵便把商会的组织建设放在首要位置，完善商会职能，内强素质、外树形象。与此同时，他还不断健全商会机构，明确班子分工。

一是会长主持全面工作，常务副会长分工负责五个职能部门。二是定期召开会长办公会议、常务理事会议和会员大会，重大事项坚持集体研究、民主决策。秘书处配备专职秘书长、办公室主任和专职秘书各一人。三是建立信息公示栏、简报、网站、微信公众平台、QQ群及商会刊物，办好“会员之家”，促进信息共享，完善服务功能，为会员企业提供信息、人才、科技、政策及法律咨询等方面的服务。四是每年开展会员培训和考察活动。会员企业自觉遵守《商会会员自律公约》，诚信经营、热心公益，同时积极配合政府部门开展相关活动。商会部分会员是人大、政协、青联的委员，他们积极参政议政，谏言献策，反映民企诉求。五是积极开展扶贫助困活动，累计向革命老红军、贫困学子、受灾地区捐款捐物百万余元。

姚文兵认为，内蒙古安徽商会作为以乡情为纽带的异地商会，要充分认识自身所处的地位和作用，注重发挥会员企业的优势，把加强商会间、企业间的交流和合作作为一项重要工作来抓。商会充分发挥自身的桥梁纽带作用，一方面，面对宏观经济增速放缓的形势，引导会员企业改制、转产、联合、重组，促进会员企业人才、资金、资源整合，使商会从单一的乡情纽带向经济纽带转变，为会员经济不断发展壮大作出应有的贡献。

姚文兵认为，商会是平台，不仅是乡情的平台，也是经济的平台。让商会的会费产生效益，让参与商会投资项目的会员获得收益，真正做到以商养会、以会促商，这是姚文兵为内蒙古安徽商会确定的发展方向，也是在全国安徽商会中的一项大胆创新之举。

回首内蒙古安徽商会成长的历程，商会成立初期只是个沟通乡情的平台，历经四任会长、十多年的平稳发展，如今的商会已经成为皖籍在内蒙古创业者的精神家园和心灵港湾，并向着合作共赢、抱团取暖的经济平台飞跃。

从2016年开始，在会长姚文兵的积极倡导和主动发起下，内蒙古安徽商会开始创办经济实体，通过会员自愿筹资入股、商会会费入股方式，筹措资金200万元，成立了内蒙古皖商餐饮有限公司，并在会员企业中寻找合作项目，为商会和会员谋福利。在与多家会员企业多次沟通协商之后，内蒙古安徽商会与商会会员企业围绕品徽轩餐饮项目进行了友好协商，达成了合作意向，目前已经取得实质性进展——项目投资款全部到位，会员会费取得了新的收益，参与增资的会员也获得了相应的投资回报。

这项由姚文兵会长发起创办的内蒙古安徽商会经济实体，把商会从乡情平台直接提升到经济平台，使商会成为名副其实的“商”会。姚文兵在推动项目运营方面做了大量的工作，也付出了很多努力。一是他个人承担了其任期内商会每年几十万元的日常费用开支，将本来作为商会运作开支的会员会费结余下来，用于投资项目，给商会会员谋取利益；二是在承担商会日常费用支出的基础上，他自掏腰包垫资100多万元投入到项目上来；三是在争取分红的时候，他只为商会会费投资和会员个人增资部分争取了分红回报，而主动放弃了自己投资款高达30%的分红回报，并约定他本人的投资款暂不参加项目与分红；四是他承诺以其出资额对商会其他会员出资的本金安全承担保证责任，以保障此次会员出资的资金安全。

作为现任内蒙古安徽商会的领导核心和领路人，他能大胆探索、推陈出新，敢于担当、乐于付出，为商会发展谋篇布局、勇往直前，扮演了一个有格局、有眼光、有谋略、有担当的领路人角色。

布局：两翼腾飞

“做好商会工作不容易，这是一份责任，更是一份对会员单位、对安徽老乡的承诺”，姚文兵坦言。

作为内蒙古安徽商会会长，姚文兵将进一步壮大内蒙古安徽商会的会员队伍，不断扩大其社会影响力，吸引更多实力强、思想素质好的企业精英加入到商会队伍中来，为商会的发展添砖加瓦。

一是帮助会员企业破解融资难题。二是促进会员企业间的联合，使其携手并肩，抱团发展，互利共赢。三是做大商会商贸平台。要尽一切力量把商会的优势做强，把商会的平台做大，让商会的优势变成广大会员的资源优势。发挥商会的桥梁、纽带作用，组织开展“内引外联”活动，为企业加强合作、投资考察牵线搭桥。四是开展丰富多彩的活动增强商会的凝聚力，要着力创新服务方式，丰富服务内容，加大服务力度，使商会真正成为内蒙古皖籍企业家创业、发展的平台，成为全体在内蒙古创业老乡的“娘家”。五是加强商会自身建设。切实加强商会制度建设，确保商会内部管理的民主、公开和高效；要加强商会队伍和机构建设，提高商会领导班子和秘书处工作人员的综合素质，提高商会办会水平和组织协调能力；加强班子成员之间的沟通和交流，做到长处互相学习，难处互相关心，短处互相提醒，失误互相理解；重视加强与会员的沟通，不断增进团结与友谊；加强商会党组织建设，发挥党员的先锋模范作用，提高商会的凝聚力和战斗力。

他认为，商会将继续在会员企业中寻找优质项目，举商会之力、集会员之资进行新的项目投资。众人拾柴火焰高，相信内蒙古安徽商会的发展态势将越来越好，发展速度将越来越快。心界够宽，才能果断地舍弃；目光够远，才能抵御各类诱惑。

如今，为了人人筑巢的未来发展，他将事业重心重新搬回北京；为了商会的建设，他时常要在内蒙古和北京两地之间奔忙。

对于他来说，实现商会和企业发展两翼腾飞的下一个目标，才刚刚开始。

只有以
共享、共生、共荣、共赢
为价值观，抱团前进，才能
把握住未来经济发展的方向。

张保全

浙江省嘉兴市安徽商会会长
嘉兴市徽商置业有限公司董事长

张保全
南湖击楫誓中流

文/汪博宇 摄影/姜朝洋

“十大徽商精英”“淮南市人民政府招商顾问”……在浙江省嘉兴市工商联副主席、嘉兴市安徽商会会长张保全的身上有诸多的荣誉和头衔，然而他最在意还是“会长”这个称呼。

七年前，甫一登上会长“宝座”，他就当机立断，决心为在嘉兴的安徽人打造一座徽商大厦，面对众人的迟疑和担心，他初衷不改，顶着巨大的压力和风险投资2.3亿元，最终成功树起这块属于徽商的“金字招牌”。

七年后，张保全再次被推选为新一届会长，新时代、新气象、新作为，面对改革创新的新环境，他顺势出击，主动带领嘉兴徽商积极转型，寻找发展新机遇。在他的引领和带动下，一批优秀的企业家已经在金融、商业地产、高新技术、生物医药等领域快速发展，成为中国当下一支昂然崛起的新兴商业力量。

一步一个脚印，一年一个台阶，在张保全的带领下，嘉兴市安徽商会逐渐从嘉兴17家异地商会中脱颖而出，并荣获“4A级”社会组织荣誉称号，成为创新发展的“领头羊”。

泰山压顶不弯腰，惊涛骇浪不低头。18岁创业，23岁成为百万富翁，28岁奔走嘉兴再次创业……张保全先后创办了嘉兴市徽商置业有限公司、嘉兴市徽商投资有限公司、嘉兴市徽商贸易有限公司，凭借过人的胆识和魄力，驰骋于大江南北、活跃于各行各业，最终成为嘉兴徽商群体中的标杆性人物。

从激流勇进的企业家到服务商会、默默付出的带头人，张保全不断求新求变，肩负起会长的职责和使命，“我不仅要带领会员企业‘活下去’，更要让他们‘活得好’！”

树起徽商的“金字招牌”

浙江嘉兴市，南湖新区，一个新徽商的象征正矗立在这片土地上。

这栋由张保全一手打造、建筑面积约4万平方米的徽商大厦中分布着来自各行各业的几十家徽商企业，其中，张保全把大厦位置最好、视野最为开阔的顶层留给了嘉兴安徽商会，作为办公场所。

如今，徽商大厦已经成为嘉兴徽商共同的精神家园，然而对于张保全而言，往昔的情景依旧历历在目。

时间倒回到2012年，嘉兴市安徽商会刚刚成立不久，在售楼中心租了一间20平方米的小房子，只有两名办公人员。彼时张保全刚刚接手商会，看到此情此景，他便毫不犹豫地将自己旗下徽商投资有限公司的三个办公室腾出来，无偿拿给商会做办公地点。

解决了一时的燃眉之急，张保全开始思索，如何才能把分散在嘉兴各处的安徽企业拧成一股绳，实现抱团发展，于是他萌发了打造一座属于安徽人自己的商业总部的想法。

然而万事开头难，历经商海沉浮的张保全虽然已经在医药、商贸、金融领域挥洒自如，不过就开发房地产而言，他还是一个“门外汉”。

为了展现徽商新形象，也为了不辜负安徽老乡对他这个新会长的殷殷期盼，张保全当机立断，毅然成立了嘉兴市徽商置业有限公司。

2012年12月28日这一天，对于张保全和嘉兴市徽商置业有限公司来说，足以载入公司的发展史册：在2012年嘉兴市最后一场土地挂牌中，嘉兴市徽商置业有限公司首度进军嘉兴土地市场就顺利竞得一宗位于嘉兴南湖新区的商业用地，土地面积约合15.9亩，共计成交金额4203.3万元。

在张保全的设计蓝图中，这里将树起一块属于徽商的标志性建筑——徽商大厦，建成后的徽商大厦将成为浙江、安徽两地贸易交流和精英人才的汇聚地和崭新的平台。

彼时张保全为了建设大厦，多方筹集资金，广邀商会会员共同认购股份。为了抵消大家的疑虑，张保全抛下了一句话：“你们能认多少就多少，剩下的我来！”

在商言商，任何生意都有潜在的风险，最终张保全在嘉兴市徽商置业有限公司占股99%，面对会员的迟疑和担心，他选择一个人承担巨大压力和风险。

在张保全的积极筹备和努力之下，徽商大厦完成了选址和前期筹备事宜，从土地招投标到办理各种证件，事无巨细，张保全亲力亲为，完成了一件件看似不可能的任务：别人一周才能办完的各种证件，张保全一个人东奔西跑两天就全部搞定了。

大厦建设期间，曾有人劝他换个名字，这样将来招商运营时会轻松一些，但张保全“固执”地认为，“既然做了，无论遇到什么困难都不能忘记初衷”。

2016年，徽商大厦正式运营，张保全告诉记者，南湖新区是嘉兴市东进发展轴向的第二个重点战略，徽商大厦的建成既是顺应了嘉兴市委、市政府“东进南移”的城市发展战略，也是回应了上海都市圈经济辐射的需要。

徽商大厦让嘉兴市安徽商会的形象得到极大提升，彰显出徽商不断进取的精神，成为嘉兴徽商实力的象征。目前大厦运营状况良好，招商入住率均高于周边其他商业楼盘，为当地商业的繁荣与发展产生了积极影响。

“现在徽商大厦已经成为安徽各地市政府和相关企业来嘉兴交流考察的窗口，嘉兴市安徽商会还被设为淮南市和合肥庐江县招商引资联络处。”言辞间，张保全流露出满满的自豪与信心。

纵横商界多年，当前张保全最大的梦想，就是集商会之力，共同塑造和打响徽商品牌，让“徽商”这个名字响彻嘉兴！

做人不能忘本

“贾而好儒”的文化特色、负重前行的“徽骆驼”品质和团结互助的奉献精神是古徽商的核心价值观，作为嘉兴市工商联副主席、嘉兴市政协委员、嘉兴市安徽商会会长的张保全主动肩负起了振兴徽商的责任和使命。

“做人不能忘本，如果没有家乡的哺育，就没有我今天取得的

成绩。”

对于张保全而言，建设徽商大厦只是他为浙皖两地搭建交流平台的第一步，下一步张保全计划创办徽商工业园，推动嘉兴徽商投身到智能制造领域。在他看来，这不仅是新时代区域经济发展的要求，更是嘉兴徽商自身发展的强烈需求。

经过几年的稳步发展，嘉兴安徽商会的会员已经从成立初期的40余家逐步扩展到200余家，遍布嘉兴市域，企业涉足电子信息、装备制造、汽车及零部件、餐饮休闲、物流广告、纺织、服装、皮革等诸多行业，据初步统计，其年均销售产值超200亿元，解决就业人员万人以上。他们仿佛是一群群触觉灵敏的鱼，循着政策和市场的暖流而上，并在嘉兴

这片热土扎根、发芽、开花，终而结出繁茂果实。

一方面，嘉兴徽商抓住了中国经济改革发展的机遇，在各行各业崭露头角；另一方面，当地企业从事的多为传统行业，产品同质化严重，结构性问题突出，随着劳动力成本和经营成本的不断上升，企业的产品销量和利润不断下滑。

“现在做传统企业的活得很累，因此必须要转变思路，寻找发展新机遇。”变则通、通则久，唯有创新变革才能激发“新动能”，找到“新机会”。

如何在区域间帮助企业实现创新发展？对此，张保全有着自己的深思熟虑。

首先，要充分发挥商会平台行业广、地域广、人脉资源广的优势，加强与浙皖两地政府的对接，为两地经济建设和发展搭建起沟通的桥梁，积极开展和服务好安徽各地的推介会，使其成为家乡领导来嘉兴进行招商引资的帮手，同时也让嘉兴的徽商企业从中受益。

张保全介绍，2016年合肥、宿州、六安、阜阳、宣城、马鞍山、安庆等多地市、县、区领导来嘉兴商会进行招商考察18批次，同时商会也积极组织会员企业多次回合肥、宿州、马鞍山等地进行招商洽谈，促进人才资源对接。

张保全至今记忆犹新的是，2017年他去淮南市考察项目，发现当地中专、高职院校毕业生数量很多，而当地企业根本无法消化如此多的毕业生，怎么解决这些学生的就业问题成了摆在淮南市政府面前的一道难题。

于是，张保全一回到嘉兴就开始积极联系企业，为两地牵线搭桥。在他的不懈努力下，嘉兴闻泰科技股份有限公司、韩泰轮胎（嘉兴）有限公司等知名企业为淮南中专和高职院校的毕业生敞开大门，解决了毕业生从实习到就业的一系列问题，企业也借此机会引入了大量人才。

同年，张保全被聘为“淮南市人民政府招商顾问”，并荣获嘉兴市南湖区政府颁发的“招商引资贡献奖”。

其次，要帮助企业自身实现转型升级。张保全回忆，几年前在他身边时常围绕着一群一筹莫展、愁眉苦脸的企业家，他们身处传统行业，有的因为产业瓶颈陷入薄利困境，有的则因资金断链而黯然离场。

好在2016年8月《上海市城市总体规划(2016—2040)》发布，将嘉兴、苏州、无锡、南通、宁波、舟山纳入上海大都市圈，形成“1+6”的城市圈格局。上海大都市圈城市在上海的引领下，推动大都市圈功能网络一体化，统筹战略协同发展。嘉兴在长三角城市群及上海大都市圈整体发展的带动下，即将迎来快速发展的新机遇。

政策的红利让张保全看到了希望，他顺势出击、抓住机遇，主动带领徽商企业积极转型，前往长三角城市考察新项目、新技术和新领域，科学布局新能源、医药、健康、教育等领域，悄然撬动产业升级。

“所谓不破不立，‘破’是‘立’的关键，我们必须不断求新求变，才能在竞争激烈的市场中站稳脚跟。”作为嘉兴安徽商会的会长，张保全不仅要带领企业“活下去”，更要让他们“活得好”。

目前，在嘉兴市安徽商会中，一批优秀的企业家已经在金融、商业地产、高新技术、生物医药等领域得到快速发展，成为了徽商群体中的新生力量。

“商会的集群经济模式不仅让企业抱团发展底气十足，也是顺应时代的必然产物。随着全球经济格局变化以及中国经济结构的调整，未来的经济主导必然是以平台为主的集群经济时代，建立起一个融合的经济生态圈。只有以共享、共生、共荣、共赢为价值观，抱团前进，才能把握住未来经济发展的方向。”

在张保全的眼中，这是一个风云际会的伟大时代，更是一个大有可为的创新时代，要以产业为基础，以资本为助推，以金融为协同，站在产业的角度融合资本，站在资本的角度融合产业，主动适应国家政策形势和经济发展大势，不断做强做大企业，积极回报社会，回馈家乡父老。

不仅要有经济头脑，更要有政治觉悟

在改革开放进一步深化、中国经济日益走向全球的今天，徽商这个最具魅力和活力的群体在中国经济的发展浪潮中打造着属于自己的全新版图。

“我们是新时代中国特色社会主义的见证者、亲历者，更是践行者和推动者。”在张保全看来，嘉兴的南湖红船播下了中国革命的火种，成为共产党人共同的精神家园，因此他在带领企业变革创新的同时，也不忘帮助企业家提升政治觉悟，“两手抓，两手都要硬”。

在嘉兴市安徽商会的网站上，“党员风采”“商会党支部”两栏格外显眼，可谓是全国异地安徽商会中的一个样本。据悉，张保全每个月都会在商会内部召开党章学习交流会，加强党团建设。

“成熟一个发展一个，我们每年都会培养一到两名入党积极分子，确保党员质量，稳固商会党建基础。”

在张保全看来，无论多优秀的企业家，在企业发展过程中始终都不能脱离政策指引。

2017年9月，《中共中央国务院关于营造企业家健康成长环境　弘扬优秀企业家精神　更好发挥企业家作用的意见》（简称《意见》）发布，张保全第一时间就把它打印出来，并在商会里召开会议进行学习。

他把厚厚的一叠文件拿给笔者看，激动地说："《意见》的出台令人感到振奋，它将企业家的重要作用和地位以这样的高度标示出来，对整个社会舆论以及对企业家的形象都有良好的带动作用，企业家会更愿意去做企业，更愿意去创富，对企业家进一步创新创业有良好的正面鼓励作用。"

"企业家不仅要有经济头脑，更要有政治觉悟。"张保全不仅这样要求会员企业，更是以身作则为大家树立榜样。

在担任嘉兴市第七届政协委员期间，张保全积极参与社会管理，建言献策，提出了许多可行的民意调查和政协提案，并被政府重视，为群众办了很多实事。

2017年初，经推荐和选举，嘉兴市安徽商会会长张保全当选为嘉兴市第八届政协委员，当选后的张保全针对经济工作中的热点、焦点、难点问题，陆续提交了《关于改变传统洗车行业的提案》《关于解决新居民子女读书难的建议》《政府要加大对在线课堂财政支持保障力度》三项提案，积极为企业的发展争取合理空间，促进会员企业发展。

近年来，嘉兴市安徽商会的整体美誉度、公信力、政治地位得到了大幅提升。目前商会副会长以上人员担任嘉兴市工商联副会长、市政协常委一名；市工商联副会长、市政委员一名；区人大代表五名；区政协委员四名，商会的社会影响力与日俱增。

嘉兴市安徽商会秘书长罗祥先告诉记者，嘉兴市安徽商会是嘉兴异地商会中第一家省级异地商会，为了加强服务会员的力度，进一步贴近、了解会员企业需求，商会先后成立了中共嘉兴市安徽商会支部委员会、共青团嘉兴市安徽商会支部委员会、嘉兴市安徽商会人民调解委员会、仲裁委员会办事处，为会员提供咨询和法律援助，以专业的角度帮助企业解决实际问题。"2016年商会处理了六起有关法律的咨询和纠纷调

解，切实做到为会员企业的发展排忧解难。”

在罗祥先看来，这些年商会从小到大、从弱到强，与张保全多年来的默默付出有密切关系。“他为人正直、大度，以身作则，管理会员能做到公平公正、不偏不倚，因此赢得了大家的充分信任。同时，他也牢牢把握住社会经济发展的大方向和大趋势，引导企业大胆创新，让在嘉兴的徽商形成了凝聚力和向心力。”

嘉兴市安徽商会常务副会长葛晓海和张保全同一天加入商会，谈起商会的变化和发展，他如数家珍。从平台层面看，徽商大厦成功运营，将在嘉兴的安徽人凝聚成一股合力，让商会从此有了自己的家园；从商会建设看，经过张保全的不懈努力，嘉兴市安徽商会赢得了当地政府的高度认可和积极评价，商会自身也多措并举，在内部评选优秀会员单位并给予奖励，定期对会员单位进行回访；利用商会内部资源邀请各方面专家来做税务规划、企业管理等讲座培训，帮助企业家提升管理水平；同时还热心公益事业，帮扶慰问贫困家庭，为自己带来了良好的口碑效应。

“张保全是个实干型的领导，过往艰苦奋斗的创业经历塑造了他坚毅务实的品格，现在他把安徽人奋斗创新的精神传递给了更多的会员，让大家意识到做企业就必须脚踏实地、勤奋踏实。”

葛晓海清楚地记得，去年一个从事教育行业的副会长单位在项目上遇到了困难，张保全得知后第一时间就协调其他会员，并亲自奔走于政府各部门寻求帮助，最终大家齐心协力为其妥善解决了难题，现在这个企业已经走出了困境，进入了良性发展的轨道。

不求走得快，但求行得远

意大利思想家马基雅维利说过：“命运支配我们行为的一半，而把另一半委托给我们自己。”路在脚下，如何走，就看每个人自己的选择，能走多远，靠的是每个人对自己命运的把握程度。

张保全的成功并不是偶然的，从一个一无所有的年轻人到成为嘉兴安徽商会的“领头羊”，张保全走过的每一步都印证着徽商锲而不舍的坚强品质，他艰辛的创业历程，正是勇于“走出去”的新徽商慷慨激昂和波澜壮阔的时代缩影。

1987年，18岁的张保全投身商海创办服装厂；1992年，23岁的他在家乡安徽桐城筹建了第一个路桥工程公司；25岁的他通过全县选调成为两名优秀人才转干部中的一员；28岁那年，从事业巅峰败走桐城的张保全只身来到浙江嘉兴，从头做起再获成功。

“我这辈子该吃的苦一点没少吃，该得到的荣誉和光环在我年轻的时候就得了个遍，现在的我对这些看得十分坦然。”张保全并不愿意回忆过去的岁月和时光，他用只言片语勾勒出过往的轮廓，于他而言，过去属于他的荣耀和失败都在他来到嘉兴时终结了。

来到嘉兴后，张保全将自己打碎了重建，积极地融入当地的环境，试图在这个陌生的土地上再次创造属于自己的辉煌。机遇不曾吝啬于他，在朋友的力荐之下，他闯进了一个全新的领域——医药行业，几经波折，他渐渐在医药销售中如鱼得水，并开拓了一片足以再次证明自己的市场。

重新开始的张保全放下过往所有的身段，他明白生存不易，而勤快和充分的准备才能帮助他找回事业。“那时候我每天晚上睡觉前都要把第二天的工作整理好，然后在思考工作中睡去。早上起来都像打了鸡血一样兴奋。”

站稳脚跟后，张保全决意开办自己的医药销售公司。经与浙江嘉信医药股份有限公司合作，张保全以独立合作的方式与其共同创办了浙江嘉信医药股份有限公司新药销售公司。在过去十多年的时间里，张保全左突右进，使公司的销售业绩一路飙升并站上亿元平台。

“想玩转医药销售行业并不容易。”张保全坦言刚刚入行时常会遭遇各种麻烦，使公司人手不够时，他既是负责人，需要统筹推进公司的大事小事，又要忙着跑推销，拓展市场。

在医药销售行业稳扎稳打之后，张保全又将目光转移到了商贸流通领域，目前他已是知名白酒品牌——安徽迎驾酒在嘉兴地区的经销总代理。进军地产和金融行业的经历，也让他在面对陌生领域的挑战时更加游刃有余。

张保全明白自己只是一个人而非“神”，面对复杂而极具挑战的公司管理，他这个带头人只抓财务和人事，其他的则交给职业经理人打理。在企业不同的发展阶段，他曾分别引入国企离退休干部、外企高管、民营企业中高层管理者加盟管理团队，从专业的角度“对症下药”，从综合的角度谋求管理的效益最大化。

“放权让员工去自由发展，让他们形成互相监督、互相竞争的良性氛围，让他们用业绩说话而不是按岗位定工资。”如此一来，最大程度上激发了员工潜力，提高了工作效率。在张保全的公司里，很多基层业务员的工资要比管理层高出几倍，其中不乏一些年薪过百万的员工。

“我一直提倡企业要稳健发展，不要随意跟风冒进。”他给自己定下的发展目标是“不求走得快，但求行得远”。

秉持稳步创新发展的理念，2018年，张保全开始聚焦大健康产业，他投资3000万元在徽商大厦打造了3600平方米的高端中医养生馆和月子中心，并已正式开业。“未来计划拓展延伸上下游产业链，走连锁发展路线，把月子会所开到安徽。”

多年前，张保全为了理想和事业从安徽走出来，如今他在嘉兴厚积薄发，然后选择再次回到安徽，人生兜兜转转造就了一个完美的循环。

后记

爱国情 奋斗者

七年了，这项工程、这份匠心我们始终在坚守。只为一个梦想，只为一种信仰。

徽商丛书，这套专属于徽商企业家的精神大典，从2012卷到2019卷，从创作到问世，从精英到领袖，从名媛到会长，我们敬畏的目光在用浓情的文字呈现，我们虔诚的态度在用厚实的行动彰显。

出现在徽商丛书中的人物，虽然所处的行业、产业、企业不同，但是他们却共同拥有着一样的根脉与商脉。这种清晰的脉络是以徽商文化为基因、以徽商精神为谱系而勾勒和传承的。

在2018年11月1日召开的民营企业座谈会上，习近平总书记亲切地称民营企业家为“自己人”，并在讲话中明确要求，在全面建成小康社会、进而全面建设社会主义现代化国家的新征程中，我国民营经济只能壮大、不能弱化，不仅不能“离场”，而且要走向更加广阔的舞台。

总书记的讲话不仅语重心长，而且温暖人心。徽商群体学思践悟、深受教益，下定决心要在新时代中国特色社会主义的道路上，全新出发、昂扬奋进。

徽商的精彩需要我们喝彩，徽商的精神需要我们传承。

每每看到徽商在国际商界声誉隆起之时，我们的激情之笔总会随之飞舞。因为我们的心跳始终是与全球的徽商同频共振，我们的志向始终是与奋斗的群体同心共进。

一路风雨兼程，一路繁花相伴。

他们的面孔或熟悉或陌生，他们的声音或激越或深沉，他们的形象或高清或隐约，他们的历程或畅通或蜿蜒，他们的故事或深刻或极简……

通过徽商丛书的真实叙述与真诚表达，也许您会近距离地感知他们内心的强大、思想的精进，也许你会零距离地触碰他们梦想的斑斓、事业的华彩。

绳短不能汲深井，浅水难以负大舟。

徽商深知，面对新时代的征程，故步自封者没有出路，创新求索者方有前程。

因此，深读徽商丛书，目随铿锵商旅，我们不仅能够领略到他们一往无前、所向披靡的奋斗精神，爱党爱国、守信担当的家国情怀，而且能够感悟出他们“入山问樵、入水问渔”的求知态度。

徽商们庆幸赶上了一个伟大的新时代，我们则荣幸记录下伟大新时代的出彩新徽商。

“时代是出卷人，我们是答卷人，人民是阅卷人。”

习近平总书记的话语充满了真理的力量。徽商群体不忘初心、牢记使命，努力奔跑、执着追梦，不孚重望、砥砺前行，正在用自身澎湃的动能、出众的智慧，书写中国梦的徽商篇章。

因此，徽商丛书才增添了更多的生动情节和励志桥段，才开掘了一座徽商文化宝藏、写就了一部徽商精神史诗。

徽商丛书之《徽商领袖》2019卷的成功出版，首先要感谢全体徽商企业家和各地安徽商会的热捧，尤其是书中人物的力挺。在此，特别感谢一直给予徽商事业发展鼎力支持的安徽省第十二届人大常委会副主任、安徽省人民政府原副省长花建慧同志，在百忙中为本书拨冗作序；衷心感谢丛书编委会的诸位领导同志、专家学者和安徽日报报业集团，在本书编纂过程中所给予的悉心指导；更要感谢人民东方出版传媒集团、东方出版社为本书的顺利出版所付出的辛劳与热情。

幸福都是奋斗出来的！

新时代是奋斗者的时代！

因为只有奋斗，才会迸发人生的光芒；因为只有奋斗，才会诞生幸福的徽商。

2019年7月